VAILLANTS

PAR

FR. DESPLANTES

Officier de l'Instruction publique

MÉGARD ET Cⁱᵉ, LIBRAIRES-ÉDITEURS

BIBLIOTHÈQUE MORALE

DE

LA JEUNESSE

—

2ᵉ SÉRIE IN-8°

—

Le général DAUMESNIL

VAILLANTS
SOLDATS

PAR

FR. DESPLANTES

Officier de l'Instruction publique

———

AVEC GRAVURES DANS LE TEXTE

ROUEN

MEGARD ET Cⁱᵉ, LIBRAIRES-EDITEURS

1893

VAILLANTS SOLDATS.

I.

Le maréchal Fabert (1619-1662).

Né à Metz en 1599, Abraham de Fabert, qui, par sa valeur et son seul mérite, devait un jour conquérir le bâton de maréchal de France, était le fils d'un modeste imprimeur.

On sait combien, sous la monarchie, il était difficile, presque impossible même, à un simple soldat de dépasser les grades inférieurs de l'armée, les brevets d'officier étant presque exclusivement réservés aux enfants des familles nobles et titrées. Eh bien! Fabert fut un des quatre ou cinq roturiers qui, durant les derniers siècles de la monarchie, conquirent, malgré toutes les difficultés, les plus hauts grades militaires de l'époque. Il est vrai que l'héroïque Messin était, on peut le dire, la bravoure faite homme, et qu'il montra à diverses reprises des talents militaires peu ordinaires.

Fabert s'enrôla tout jeune au régiment de Rambures — devenu de nos jours le 16ᵉ de ligne — à seize ans, selon les uns ; à vingt ans, suivant d'autres biographes. Mais tous s'accordent à dire que, dès son arrivée au régiment, « il se distingua par son courage et sa conduite sans reproches. » Il demeura d'ailleurs toujours un modèle d'honneur, de désintéressement et d'humanité, même à l'égard des ennemis. Ses qualités morales étaient aussi remarquables que ses talents militaires.

En 1627, le cardinal de Richelieu et la cour allèrent mettre le siège devant la Rochelle, pour abattre cette dernière citadelle du protestantisme. Fabert, qui n'était encore que sergent, conquit ses galons de sergent-major à ce siège mémorable. Le grade n'était pas bien élevé ; il lui permit cependant de faire de son régiment un régiment modèle. « Jamais, ne pouvait-on alors s'em-

Le maréchal FABERT.

pêcher de dire, jamais régiment ne fit mieux l'exercice et ne fut mieux discipliné que celui de Rambures. » Pendant toute la durée du siège, Fabert servit une batterie de six pièces de canon, qu'il avait établie sur la pointe de Coureilles, à Angoulins.

Deux années plus tard, Fabert servait dans l'armée de Piémont. Au combat du Pas-de-Suse, il s'était déjà signalé par sa bravoure, lorsque, au siège de Privas, il fut grièvement blessé en accomplissant un acte d'héroïque audace qui fit tomber la place entre nos mains. Dès qu'eut été donné le signal de l'assaut, Fabert s'élança à la tête des enfants perdus et arriva le premier sur le rempart, où il demeura ferme, tenant l'ennemi en respect jusqu'à l'arrivée du reste de ses hommes.

L'année suivante (1630), toujours à l'armée de Piémont, au siège d'Exiles, Fabert emporta un pont et surprit le poste d'une des tours du donjon, qu'il força à capituler.

Quelques jours plus tard, au combat de Veillan, le héros messin, avec vingt hommes seulement, tint tête jusqu'à l'arrivée de son régiment à quatre cents Savoisiens qui harcelaient notre arrière-garde. Peu après, au siège de Saluces, Fabert reçut deux coups de feu dans son chapeau au cours d'une mission périlleuse dont il s'était chargé.

D'aussi nombreuses actions d'éclat finirent par attirer l'attention sur celui qui les accomplissait sans la moindre forfanterie. Louis XIII, plein d'admiration pour ce brave, lui accorda une compagnie au régiment de Rambures, charge devenue vacante par la mort du titulaire, le capitaine Bizemont. Au moment d'en prendre possession, Fabert, apprenant que son prédécesseur laissait des dettes et une famille peu fortunée, fit compter 7,000 livres aux héritiers du capitaine Bizemont, en leur faisant dire que c'était par ordre du roi, afin de ne pas faire étalage de sa générosité.

Nous venons jusqu'ici de voir Fabert héroïque en face de l'ennemi et généreux avec ses compagnons d'armes. Voici maintenant un trait qui va nous le montrer humain avec les ennemis en un temps où l'humanité était chose fort peu commune à la guerre.

C'était en 1635 ; le régiment de Fabert était envoyé de Château-Salins à la poursuite des Impériaux qui ravageaient la Lorraine et le Barrois. « Fabert, nous dit un de ses biographes, qui était toujours à l'avant-garde, rencontre, entre Sarrebourg et Lunéville, un camp que l'ennemi avait évacué à la hâte et où il avait abandonné ses malades et ses blessés. Un officier ayant crié :

« — Tuons ces gredins !

« — Silence, dit Fabert, on ne tue que les gens qui ont les armes à la main ; vengeons-nous, mais d'une manière digne de Français !

« Il ordonna ensuite de distribuer à ces malheureux le peu de vivres de son détachement, les fit transporter à Mézières et donna l'ordre de les bien soigner. Presque tous ces malheureux, par reconnaissance, prirent du service dans l'armée française. »

Quelques mois plus tard, durant la retraite de Mayence, le généreux et humain Fabert payait encore héroïquement de sa personne en contribuant largement à sauver les débris de l'armée française et à arrêter l'invasion de Gallas en Champagne.

En 1636, nouveaux exploits de Fabert en Alsace. Son régiment, qui était en garnison à Epinal, reçoit l'ordre d'aller secourir Haguenau, assiégée par les Impériaux. Huit jours après, le 10 juin, il entrait à Haguenau, après avoir forcé l'ennemi à lever le siège de la place. Sans perdre de temps, Fabert conduit alors ses hommes au duc de Saxe-Weimar, qui assiégeait Saverne pour le compte du roi de France. Là, au troisième assaut, Fabert s'élance sur la brèche et parvient à s'emparer d'une maison dans laquelle il s'enferme et où il tient plus d'une heure. Désespérant de l'en déloger, l'ennemi met le feu à cette forteresse improvisée. L'incendie seul put obliger Fabert à en sortir et à battre en retraite : en sautant dans le fossé, le valeureux capitaine reçut plusieurs graves blessures.

Nous ne pouvons raconter ici, où l'espace nous est mesuré, tous les actes d'héroïsme de Fabert. Ceux que nous venons de citer suffisent pour le faire connaître. Aussi nous bornerons-nous maintenant à une rapide énumération des faits les plus saillants du reste de sa carrière militaire.

En 1637, il prend part au siège de Landrecies, puis il passe en Savoie, où il dirige les sièges de Chivas et de Turin et bat le prince Thomas de Carignan. On le retrouve en France à la bataille de la Marfée en 1641 et aux sièges de Collioure et de Perpignan en 1642.

Créé maréchal de camp pendant la minorité de Louis XIV, Fabert fut envoyé en Italie, où il s'empara de Porto-Longone et de Piombino. Pendant toute la durée de la Fronde, il demeura fidèle à la cour et au jeune roi, sous les yeux de qui il prit Stenay en 1654. Quatre ans plus tard, en 1658, Louis XIV le nomma maréchal de France. Il était déjà gouverneur de Sedan depuis 1641.

Fabert, le fils de l'humble imprimeur de Metz, qui illustra l'armée française autant par ses vertus que par son courage, mourut en 1662, universellement estimé et regretté. C'est à lui qu'est due l'invention des parallèles et des cavaliers de tranchées pour le siège des places.

Fabert, dit M. Périgot, « avait du goût pour l'astrologie judiciaire et les sciences occultes ; de là vinrent les bruits étranges que l'on répandit sur sa mort : le diable, avec qui il était en relation comme sorcier, l'avait, disait-on, enlevé. »

A titre de curiosité historique, nous avons tenu à faire connaître cette légende à nos jeunes lecteurs, qui sont assurément trop intelligents et instruits pour prendre au sérieux un conte de cette espèce.

II.

Le lieutenant Comminges et l'enseigne Pontis (1620-1621.)

En 1620, le régiment de Champagne se distingua devant les Ponts-de-Cé, où il combattit à côté des célèbres gardes françaises ; à l'attaque du pont, le lieutenant Comminges, qui commandait les enfants perdus de Champagne, pendant que Maleyssie conduisait ceux des gardes, arriva le premier au sommet des retranchements, et là, à cheval sur la crête, il cria au maréchal de Bassompierre, qui le suivait de près :

« Je vous demande pardon, monsieur le maréchal, de vous avoir précédé ; mais il est de tradition qu'à l'assaut Champagne doit toujours arriver premier. »

Le régiment fut rejoint ce jour-là par l'enseigne Pontis, qui lui amenait deux cents recrues, après avoir réussi à échapper à l'ennemi d'une façon qui mérite d'être rapportée.

Pontis, s'étant vu tout à coup, pendant la marche, enveloppé par six cents cavaliers, se barricada au milieu de voitures chargées de vin qu'il rencontra sur la route, et, à l'abri de ce singulier rempart, il dirigea si bien la mousqueterie de ses hommes, que les cavaliers ennemis, après plusieurs charges infructueuses où ils laissèrent chaque fois bon nombre des leurs sur le carreau, finirent par se rebuter.

La nuit venue, Pontis fit allumer des feux pour laisser croire qu'il campait et fila avec tout son détachement.

L'année suivante, au siège de Montauban, dans une sortie que firent les assiégés, le colonel du régiment de Picardie, ayant été mis hors de combat et fait prisonnier, fut presque aussitôt délivré par l'intrépide Pontis, dont l'audacieuse bravoure est demeurée légendaire.

C'est encore le même Pontis qui, quelque temps après, au siège de Tonneins, réussit, à la tête de cinquante hommes seulement, à s'emparer d'un retranchement que les assiégés avaient établi sur le front d'attaque ; mais il ne put s'y maintenir et dut céder devant une sortie furieuse de la garnison ; débordés de toutes parts, nos braves se replient en combattant vers le camp. Pontis, percé de part en part d'un coup d'épée, n'évita la mort que par le dévouement d'un soldat nommé Muthonis, qui, bien que blessé lui-même au moment où il emportait son officier dans ses bras, et ne voyant pas d'autre chance de salut, n'hésita pas, plutôt que d'abandonner son précieux fardeau, à se laisser rouler avec lui du haut en bas de la brèche, d'où il put heureusement rejoindre le camp (1).

---

(1) *Le Livre d'or du 8e régiment d'infanterie*, par M. le capitaine adjudant-major A. Estrabaut. — Charles Lavauzelle, éditeur.

III.

Combat de Weissenfels (31 octobre 1757).

Au début de la guerre de Sept Ans, guerre que la France soutint avec l'Empire contre le roi de Prusse, l'avant-garde de ce prince arriva si rapidement sur Weissenfels, dans la matinée du 31 octobre 1757, que la garnison fut surprise. Celle-ci ne se composait que de quatre bataillons d'Impériaux et d'un détachement de seize compagnies de grenadiers français, sous les ordres du marquis de Crillon, parmi lesquelles se trouvaient deux compagnies de grenadiers du régiment de Saint-Chamond, commandées par les capitaines Chabert et de Grèze.

Dès que parurent les soldats du roi de Prusse, les Impériaux s'empressèrent de décamper, laissant derrière eux leurs drapeaux et leurs bagages, raconte M. le capitaine d'Izarny Gargas dans son très intéressant et très complet *Historique du 38ᵉ régiment d'infanterie*, à qui nous empruntons les détails qui suivent. Leur retraite fut soutenue avec beaucoup de fermeté par les grenadiers du marquis de Crillon. Les grenadiers de Saint-Chamond firent des prodiges de valeur et se montrèrent héroïques. Ils furent les derniers à se retirer de Weissenfels. Leur retraite se fit le long d'une rue, sous le feu des Prussiens, qui les dominaient et qui voulurent les couper avant qu'ils fussent arrivés au pont. Effectivement, les Prussiens y arrivèrent les premiers ; mais les grenadiers les en chassèrent, et tinrent ferme pendant vingt minutes, le temps nécessaire pour mettre le feu à l'autre bout du pont, qu'ils franchirent au milieu des flammes et au moment où il allait s'écrouler (car, en prévision de la retraite, la garnison avait accumulé sur ce pont de bois de la paille, des cercles goudronnés et toutes les chandelles que l'on put rassembler dans la ville). Ils facilitèrent par ce moyen et assurèrent la retraite de l'armée. Les pertes de ces deux braves compagnies furent sensibles ; toutefois le nombre des tués ne fut pas aussi considérable qu'il paraissait devoir être. Le capitaine de Grèze fut grièvement blessé au genou.

Sur la demande du marquis de Crillon, le roi accorda des pensions de 200 à 10 livres à tous les officiers, sergents et grenadiers qui s'étaient ainsi dévoués au salut de l'armée. Le marquis de Crillon voulut annoncer lui-même aux grenadiers de Saint-Chamond la récompense qui leur était accordée et leur adressa la lettre suivante :

« De Versailles, 24 mars 1758.

« Je vous ai vus combattre à Weissenfels, et j'ai mis toute ma gloire à faire couronner votre valeur. Sa Majesté vient d'accorder à chacun de vous une gratification particulière à ce sujet, et charge son ministre de vous témoigner de sa part la satisfaction qu'il a eue de votre conduite. Une grâce si distinguée doit vous animer davantage à soutenir toujours avec le même éclat la réputation de votre régiment et l'honneur des grenadiers français. Ne perdez jamais de vue la discipline, et rien né vous sera impossible à exécuter. Je souhaite que vous trouviez bientôt de nouvelles occasions de vous acquérir de l'honneur.

« Je serai toujours fort aise d'en être témoin.

« Adieu, mes chers enfants; souvenez-vous toujours de votre bon ami.

« *Signé* : le marquis DE CRILLON. »

Les grenadiers de Saint-Chamond s'empressèrent de remercier leur général dans les termes suivants :

« Lille, avril 1758.

« Monseigneur,

« C'est avec grande sincérité que nous vous remercions de la bonne nouvelle que vous nous *apprenée* (sic) par la vostre du 6, non pas tant pour *largant*, dont nous avons grand besoin, que par rapport à ce que vous avez *parlée* de nous au roy, et qu'à vous dire vray j'aimons plus le roy que tout *largant* du monde. Véritablement ç'a été assez bien ce jour-là; mais la belle merveille, j'étions *menées* par vous; j'avons *gagnées* là une belle partie ; mais, mordie, je savons bien aussi que j'avons une revanche à prendre, et c'est de cela qu'il faut parler au roy. Venez seulement avec nous. Ah ! qu'un homme vaut quelquefois de *largant* ! et que je le sentons ! Nous qui avons dans l'âme, Monseigneur, tant de respect pour vous.

« LES GRENADIERS DE SAINT-CHAMOND. »

Le roi n'eut pas à payer la plupart des pensions demandées par M. de Crillon, car les héros de Weissenfels laissèrent, cinq jours après, un grand nombre des leurs sur le champ de bataille de Rosbach.

IV.

La Fayette en Amérique (1777-1781).

On connaît l'origine de la révolte des habitants de la Nouvelle-Angleterre contre la Grande-Bretagne, révolte qui, après plus de six ans d'une lutte meurtrière, devait aboutir à l'indépendance des colons anglais et à la constitution définitive des Etats-Unis d'Amérique. On sait que ce fut à propos de nouveaux et lourds impôts exigés par l'Angleterre que la révolte éclata à Boston.

« La guerre de Sept Ans, nous dit M. V. Duruy, si favorable politiquement à l'Angleterre, avait ruiné ses finances en portant sa dette à une somme de deux milliards et demi, qui emportaient un intérêt annuel de quatre-vingt-huit millions de francs. La métropole pensa à se décharger sur ses colonies d'une partie de ce pesant fardeau. Elle mit un impôt sur le papier timbré, plus tard sur le verre, le papier et le thé. Des émeutes forcèrent de supprimer ces taxes : on ne garda que la dernière. Mais les habitants de Boston jetèrent à la mer une cargaison de thé venue de Londres, plutôt que de payer le droit, et la guerre éclata (1775). L'insurrection gagna toutes les provinces.

« L'année suivante, leurs députés, réunis en congrès général à Philadelphie, publièrent la déclaration d'indépendance, où se remarquaient les principes suivants, qui semblaient sortir du sein de la philosophie française :

« Tous les hommes ont été créés égaux ; ils ont été doués,
« par le Créateur, de certains droits inaliénables ; pour
« s'assurer la jouissance de ces droits, les hommes ont
« établi parmi eux des gouvernements dont la juste
« autorité émane du consentement des gouvernés ;
« toutes les fois qu'une forme de gouvernement quel-
« conque devient destructive de fins pour lesquelles elle
« a été établie, le peuple a le droit de la changer et de
« l'abolir. »

« La France accueillit avec enthousiasme une révolution où elle se reconnaissait. La jeune noblesse, exaltée par les idées philosophiques et tout ardente du désir d'effacer la honte de la guerre de Sept Ans, de combattre l'odieuse rivale, demandait à partir en foule pour l'Amérique. Les trois députés américains, Arthur Lee, Silas Deane, surtout Benjamin Franklin, si célèbre déjà comme physicien, furent, pendant leur séjour à Paris, l'objet d'une ovation perpétuelle. Le marquis de La Fayette, à peine âgé de vingt ans, quitta sa jeune femme enceinte, et partit sur un vaisseau qu'il avait lui-même frété et chargé d'armes. »

La cause des révoltés paraissait presque désespérée, lorsque La Fayette leur offrit si généreusement son épée et débarqua à Charlestown le 25 avril 1777. Le jeune général français, servi par l'audace et par on ne sait quelle mystérieuse chance, ranima les courages affaiblis d'une armée en déroute, et parvint à reprendre l'offensive et à remporter finalement une victoire complète et décisive, de concert avec Washington, qui, jusqu'à la fin de sa vie, conserva à La Fayette une profonde estime et une inaltérable amitié.

Benjamin FRANKLIN.

Voici d'ailleurs, résumés en quelques lignes, les principaux événements du début de cette lutte grandiose jusqu'au moment de l'arrivée de La Fayette en Amérique.

En 1775, après que le général anglais Gage eut été défait à Lexington par les miliciens des colonies, le commandement fut déféré à Washington, planteur de la Virginie. Aussitôt les Américains attaquèrent le Canada, pour obliger les Anglais qui menaçaient le littoral à diviser leurs forces. Repoussés devant Québec en 1776 par Carleton, ils sont bientôt chassés de tout le Canada par Burgoyne. Mais Washington reprend Boston sur Howe, et ce général se dédommage en 1777 par la conquête de New-York et de Rhode-Island. A l'est, Washington et La Fayette parviennent à assurer le triomphe de la cause américaine en forçant Burgoyne, qui menaçait les colonies par l'ouest, à capituler à Saratoga. Ce succès ne contribua pas peu à décider Louis XVI à faire enfin intervenir olficiellement la France dans la lutte engagée contre l'Angleterre.

La Fayette était né en Auvergne au château de Chavaniac, près de Brioude, le 6 septembre 1757, et nous venons de voir qu'il n'avait pas encore vingt ans lorsque la lutte des Américains contre les Anglais commença à faire du bruit en Europe.

Cette tentative héroïque séduisit le jeune marquis et ıe poussa à se lier avec les agents américains à Paris, a raconté naguère l'un de nos plus éminents publicistes, à qui nous empruntons la plupart des détails qui suivent. Alors, l'armée américaine battait en retraite à travers le New-Jersey, et les envoyés américains avaient à ce point perdu tout crédit en Europe, qu'ils furent obligés d'avouer à La Fayette, leur offrant ses services, qu'ils ne pouvaient même pas lui offrir des moyens convenables de transport.

— Eh bien! s'écria notre héros, j'achèterai un vaisseau et je l'équiperai.

Il le fit. La Fayette avait plus de 100,000 livres de rente.

Le vaisseau fut préparé à Bordeaux et envoyé dans le port d'Espagne le plus voisin, pour le mettre à l'abri de toute atteinte du gouvernement français, qui, n'étant plus en guerre avec l'Angleterre, devait s'opposer à ce départ.

Pour mieux cacher ses desseins, La Fayette fit un

La Fayette.

voyage en Angleterre, revint à l'improviste et se dirigea vers Bordeaux, sans même s'arrêter pour voir sa famille.

L'effet que produisit à Paris et à la cour la nouvelle de ce voyage fut immense. Lord Stormont, ambassadeur d'Angleterre, se plaignit au ministère français, tant et si bien, qu'une lettre de cachet vint arrêter La Fayette à Passage, sur l'extrême frontière de France.

Mais La Fayette parvint à s'échapper des prisons de Bordeaux et à franchir la frontière déguisé en courrier.

Il put enfin gagner son vaisseau et lever l'ancre, malgré les supplications de sa famille.

Ce départ agita toutes les sociétés du vieux monde. En France, Mme du Deffand écrivait à lord Walpole, le 31 mars 1777 :

« De tous les départs présents, celui qui est le plus étonnant, c'est celui de M. de La Fayette.

« C'est une folie sans doute, mais qui ne déshonore pas et qui, au contraire, marque du courage et du désir de la gloire. On le loue plus qu'on ne le blâme. Mais sa femme, qu'il laisse grosse de quatre mois, son beau-père (le duc d'Ayen), sa belle-mère et toute sa famille en sont fort affligés.... »

La Fayette débarqua le 25 avril 1777 à Charlestown, et son arrivée aux Etats-Unis fit encore plus de bruit que son départ de France.

A peine arrivé, il reçut l'offre d'un commandement dans l'armée américaine, mais il le refusa et écrivit au président du Congrès qu'il offrait son épée aux Américains à deux conditions : « la première, c'est que je ne recevrai pas de solde ; la seconde, c'est que je n'aurai aucun grade. Je ne veux être qu'un simple volontaire. »

Puis il commença par habiller et équiper à ses frais un corps à Charlestown, et entra en effet au service comme volontaire sans solde.

Cette double générosité charma les Américains.

Bientôt La Fayette gagna l'amitié et la confiance du commandant en chef de l'armée de l'Union, le planteur Georges Washington, qui lui confia des postes importants. Puis, le 31 juillet 1777, malgré le désir primitivement exprimé par le jeune volontaire, le Congrès rendit un décret portant que « La Fayette, guidé par l'amour de la liberté, ayant abandonné sa famille, ses parents, ses amis, et voulant consacrer sa vie à la défense de l'Amérique, sans en recevoir aucun émolument, ses services étaient acceptés, mais que, d'après les égards dus à sa famille et à lui-même, il était convenable qu'il fût revêtu du grade de major-général dans l'armée des Etats-Unis. »

Washington remit lui-même à La Fayette le brevet de major-général et lui offrit de partager sa tente. Il s'établit alors entre eux une amitié qui ne se démentit jamais.

Blessé peu après à Brondy-Wins, La Fayette n'en continua pas moins à servir, et nous le voyons exercer de hauts commandements pendant toute l'année 1778.

Rentré en France le 12 février 1779, La Fayette ne fut pas reçu par le roi, mais il eut de longues conférences avec son ministre Maurepas, et ne quitta Paris qu'après avoir acquis l'assurance que le comte Rochambeau le suivrait bientôt avec une flotte française pour aider les Américains dans leur lutte nationale.

Ayant ainsi gagné son pays à la cause américaine, La Fayette retourna aux Etats-Unis, et, le 11 mai 1780, reprit sa place dans l'armée.

Bientôt nommé commandant d'une division séparée forte de deux mille hommes, il habilla et équipa tous ces soldats à ses frais, en fit la meilleure troupe des Etats-Unis et put avec leur aide délivrer Richemond, sur le point de tomber au pouvoir des Anglais.

Il fatigua et battit le général anglais Cornwallis, qui s'était vanté que « l'enfant ne pouvait lui échapper.... », et termina brillamment la campagne en s'emparant de York-Town au mois d'octobre 1781.

Après avoir combattu comme général, il voulut encore servir les Américains comme diplomate.

Parti autrefois de France en fugitif et quelque peu désavoué, La Fayette était maintenant l'homme le plus populaire de France ; et quand il revint pour la seconde fois à Paris, sa présence produisit un enthousiasme dont Voltaire nous a retracé les phases.

Fêté par la cour, favori du peuple, La Fayette obtint ce qu'il voulut pour les Américains.

Grâce à lui, le comte d'Estaing eut l'ordre de préparer cinquante vaisseaux et neuf mille hommes, que la paix rendit inutiles, il est vrai ; grâce à lui, les Américains purent refouler les Anglais, et les Etats-Unis devenir une nation libre et indépendante.

Aussi ne faut-il pas s'étonner de l'accueil enthousiaste

WASHINGTON.

que reçut La Fayette à son retour à New-York, le 4 août 1784. Voici la preuve la plus éclatante de cet enthousiasme de tout un peuple reconnaissant : lorsque La Fayette fut pour la troisième fois sur le point de quitter les Etats-Unis, le Congrès lui envoya, en septembre 1784, une grande députation formée, pour plus de dignité, d'un membre de chaque Etat, chargée de prendre congé de lui au nom de toute la nation, et de l'assurer que « les Etats-Unis avaient pour lui une affection toute particulière, qu'ils ne cesseraient jamais de s'intéresser à tout ce qui pourrait le concerner, et qu'ils faisaient les vœux les plus sincères pour son bonheur et pour sa gloire. »

Si toute cette chevaleresque et héroïque épopée de la fin du XVIIIe siècle — l'épopée de La Fayette en Amérique — est presque oubliée aujourd'hui en France, les Américains n'ont pas cessé de s'en souvenir pieusement. Ils associent toujours dans leur reconnaissance le nom de notre compatriote à celui de Washington, créateur de leur indépendance et fondateur de leur liberté, et ne négligent aucune occasion d'honorer ces deux héros. Récemment encore, en 1887, le gouvernement des Etats-Unis fit à deux sculpteurs français, MM. Falguière et Antonin Mercié, la commande d'une statue de La Fayette qui orne maintenant l'un des jardins publics de la ville de Washington.

« C'est avec une fierté toute patriotique et une véritable joie, écrivait à ce propos l'éminent publiciste que nous citions tout à l'heure, que nous voyons le Congrès de 1887 acquitter une partie de la dette américaine et faire preuve, pour La Fayette, de ces mêmes sentiments qui animaient le Congrès de 1784. »

La Fayette était vice-président de l'Assemblée nationale, lorsque, en juillet 1789, au moment de l'organisation de la garde bourgeoise, il fut proclamé commandant de cette milice, qui prit le nom de garde nationale. Quarante ans plus tard, après les journées de juillet 1830, malgré son grand âge, il fut encore appelé au même commandement, mais ne l'exerça guère, car il donna sa démission au bout de quelques semaines.

La Fayette mourut à Paris le 19 mai 1834. A la nouvelle de sa mort, le Congrès des Etats-Unis prit le deuil pendant trente jours, et tous les citoyens de la République américaine furent invités à en faire autant.

V

Kellermann à la bataille de Valmy (20 septembre 1792).

François-Christophe Kellermann, qui mourut en 1820, comblé de gloire et d'honneurs (il avait été fait sénateur, grand cordon de la Légion d'honneur, maréchal de l'Empire, duc de Valmy par Napoleon Iᵉʳ, et créé pair de France par Louis XVIII), était un simple soldat de fortune déjà parvenu, avant la Révolution, à force de bravoure et de mérite, aux grades supérieurs de l'armée.

Kellermann, comme Kléber, était Alsacien. Né à Strasbourg en 1735, il entra au service en 1752 et fit la guerre de Sept Ans. Chargé d'une mission en Pologne en 1771, il s'en acquitta avec intelligence ; ce qui contribua à le mettre en vue. Malgré cela, ce ne fut qu'en 1784 qu'un brevet de colonel lui fut accordé. Il était pourtant maréchal de camp depuis 1785 lorsque éclata la Révolution française. Dévoué au nouveau régime, le patriote alsacien devint général de division, puis fut chargé du commandement de l'armée de la Moselle, et, bien que celle-ci ne fût guère composée que de recrues et de volontaires à peine habitués au maniement des armes, il gagna sur les Prussiens, de concert avec Dumouriez, la bataille de Valmy, le 20 septembre 1792.

Valmy, a-t-on écrit avec raison, « c'est l'aurore, le gai sourire de la fortune. C'est le premier succès des jeunes soldats de la Révolution. C'est, au cours d'une redoutable invasion, dans l'affolement qu'avaient produit les trahisons de Longwy et de Verdun, l'espoir, la certitude même de la victoire rendus à la France qui chancelait, prise de vertige....

« Huit cents Français seulement moururent ce jour-là. Ils faisaient partie de cette jeune armée que les émigrés appelaient une armée de vagabonds et de savetiers. On pensait à Coblentz que ces engagés de la veille ne tien-

KELLERMANN.

draient pas au feu et se disperseraient comme une volée de moineaux francs au son des fifres germains. Mais ces huit cents moururent si fièrement, et leur mort fut si cruellement vengée, que les quatre-vingt-dix mille hommes de Brunswick, étonnés de la résistance qu'ils rencontraient, reprirent sans tarder le chemin de l'Allemagne. »

Voici d'ailleurs comment notre grand historien national, Henri Martin, raconte cette mémorable journée qui inaugura glorieusement l'ère républicaine, **car on** sait que la République fut proclamée par la **Convention** nationale le surlendemain de la victoire de Valmy. *Un rayon de gloire éclaira le berceau de la République.*

« L'armée ennemie, dit Henri Martin, après **avoir** traversé l'Argonne à la Croix-aux-Bois et à Grand-Pré, se déploya, le 19, sur les hauteurs qui font face à Sainte-Menehould du côté de la Champagne, et coupa aux Français la route de Châlons. Mais, dans la même journée, dix mille hommes de bonnes troupes, arrivées de Flandre par la route de Réthel, et sept bataillons de volontaires venaient de joindre Dumouriez. Le lendemain matin, le général Kellermann arriva à son tour, avec quinze mille hommes d'élite, par la route de Vitry, et vint se poster en avant du camp de Dumouriez sur la hauteur de Valmy (20 septembre).

« La position de Kellermann était forte, mais la retraite impossible. Délogé du tertre de Valmy, il eût été jeté et perdu dans des marais. Une fois à Valmy, il fallait vaincre ou mourir.

« Dumouriez fit avancer des troupes sur la droite et sur la gauche de Kellermann, pour le soutenir; mais c'était à Valmy que tout devait se décider.

« L'ennemi avait plus de quatre-vingt mille hommes de troupes solides contre soixante mille, en partie volontaires et nouvelles levées. Le roi de Prusse décida l'attaque. La panique du 16 août avait confirmé les Prussiens dans l'opinion que la « cohue indisciplinée des Jacobins », comme ils disaient, ne tiendrait pas devant la vieille armée du grand Frédéric.

« L'ennemi commença de s'étonner, quand il vit les soldats de Kellermann, entassés sur la butte du moulin de Valmy, soutenir avec impassibilité, trois heures durant, le feu de soixante canons. Vers dix heures, des obus prussiens firent sauter deux de nos caissons, et

Kellermann tomba sous son cheval, abattu par un boulet. Le désordre se mit dans nos rangs. L'ennemi, voyant notre infanterie ébranlée, forma trois colonnes d'attaque et les lança vers le tertre de Valmy.

« Mais Kellermann s'était bien vite relevé, et, remettant en ordre ses bataillons : « Ne tirez pas, fit-il dire « sur toute la ligne : attendez-les ; et à la baïonnette ! »

« Puis, agitant son chapeau au flottant panache tricolore : « Vive la nation ! » cria-t-il.

« Quinze mille soldats mirent leurs chapeaux à la pointe des sabres et des baïonnettes, et la colline retentit d'un long cri de : « Vive la nation ! » répété par quinze mille voix.

« Brunswick hésita, puis arrêta et replia ses colonnes. Plus éclairé que tout ce qui l'entourait, il avait compris quelle force morale terrible l'enthousiasme révolutionnaire opposait à la force mécanique de la discipline prussienne.

« La canonnade recommença durant tout le milieu de la journée. L'excellente artillerie française rendait coup pour coup. Vers cinq heures du soir, le roi de Prusse, humilié, irrité, fit de nouveau battre la charge et poussa son infanterie sur Valmy. On accueillit l'ennemi, du haut de la colline, par des cris de joie, et, comme le matin, les feux de flanc qui venaient des troupes de Dumouriez foudroyèrent les colonnes prussiennes. Le roi de Prusse s'arrêta à son tour et rentra dans ses positions.

« L'audace de Kellermann avait réussi, et l'héritier du grand Frédéric reculait devant un soldat alsacien.

« *La canonnade de Valmy* n'avait coûté à chacune des deux armées que quelques centaines d'hommes ; mais cet engagement, par ses résultats, devait compter dans l'histoire autant que les plus grandes batailles.

« Le soir, au bivouac, le plus grand poète et l'un des plus grands philosophes de l'Allemagne, Gœthe, dit à quelques officiers allemands une parole profonde :

« Aujourd'hui, une ère nouvelle a commencé pour
« le monde, et vous pourrez dire que vous l'avez vue
« s'ouvrir. »

« Le poète disait vrai, et cette ère nouvelle, aucune défaite momentanée de la Révolution ne la fermera Elle continuera son cours.... La France n'y renoncera pas. »

Par quel miracle Kellermann parvint-il à électriser des troupes inexpérimentées que de longues marches avaient fatiguées?.... On ne peut l'expliquer que par l'ardent patriotisme dont il était animé et qu'il sut communiquer à ses jeunes soldats.

Les huit cents Français glorieusement tombés sur le champ de bataille de Valmy reposent, depuis un siècle maintenant, a écrit l'un de nos meilleurs publicistes, à la base de la petite colline du moulin sur laquelle Kellermann, accourant de Metz au secours de Dumouriez, prit, face à l'ennemi, ses dispositions de combat, le 20 septembre 1792, dès quatre heures du matin. Le moulin a disparu dans l'ouragan de fer qui s'abattit sur lui et n'a pas été reconstruit. Une cahute de planches indique aujourd'hui l'emplacement qu'il occupait.

Mais, non loin, dans la plaine, près du village, s'élève un modeste obélisque sur lequel on lit ces mots en latin : *Ubi partus honos, ibi lapis erectus*, accompagnés de cette inscription touchante : « Ici sont morts glorieusement les braves qui ont sauvé la France au 20 septembre 1792. Un soldat qui avait l'honneur de les commander dans cette mémorable journée, le maréchal

4

Kellermann, duc de Valmy, peu de temps avant sa mort, a voulu que son cœur fût au milieu d'eux. »

Kellermann, en effet, se sentant près de sa fin, avait écrit lui-même au maire de Valmy pour le prier de lui acheter « un petit terrain contenant deux pieds carrés », disait-il. Il voulait que son cœur reposât au milieu de ceux qu'il avait vus si bravement mourir.

Accablé de distinctions et d'honnéurs, le vieux maréchal songeait volontiers, dans sa retraite de Soisy-sous-Montmorency, aux enthousiasmes de sa campagne de l'Argonne et des Ardennes ; les gloires de l'Empire ne le séduisaient plus, et c'était à ces marches forcées de 1792, aux soixante campements qu'il faisait faire à sa jeune armée d'août à octobre, à la radieuse journée de Valmy où son cheval fut atteint par un boulet, qu'il pensait avec le plus de regret et d'attendrissement.

Il mourut le 12 septembre 1820 et fut enterré au Père-Lachaise. Sur sa tombe, Barbé-Marbois, son beau-frère et son collègue à la Chambre des pairs, rappela le vœu du mourant. Son fils, le général comte de Valmy, qui fut un des grands cavaliers des campagnes impériales, exécuta la dernière volonté du maréchal. Le

16 octobre 1820, il apportait à Valmy le cœur de son père et accomplissait sa pieuse mission.

A l'occasion de la fête du centenaire de la fondation de la République — fête nationale célébrée dans toute la France le 22 septembre 1892 — un autre monument commémoratif de la victoire de Valmy a été solennellement érigé à une petite distance de l'obélisque où a été déposé le cœur du vaillant général alsacien. Sur ce monument, se dresse la statue en bronze, haute de plus de quatre mètres, de Kellermann, représenté au moment où il entraîne son armée au combat. C'est l'œuvre remarquable de M. Barrau. Le patriote inspiré jette à ses soldats son cri de *Vive la nation!* au moment de les engager dans la lutte meurtrière.

VI.

Les trois hussards de Thionville (septembre 1792).

A la fin d'août 1792, le roi de Prusse, qui, à la tête d'une nombreuse armée allemande et de différents corps de Français émigrés, envahissait notre territoire et venait de s'emparer de Longwy, détacha un corps d'armée et l'envoya assiéger Thionville, pendant que lui-même marchait avec le gros de ses forces sur Verdun.

Malgré l'énergie et l'héroïsme du colonel Beaurepaire, qui, selon les uns, se tua pour échapper au déshonneur d'une capitulation, ou, suivant d'autres, fut assassiné par ceux que contrariait sa volonté de résister au roi de Prusse, Verdun ouvrit ses portes à nos ennemis.

A Thionville, au contraire, les choses se passèrent différemment : la place fit une énergique résistance, qu'elle prolongea victorieusement jusqu'au mois d'octobre. Les Prussiens eurent beau renforcer le corps d'armée qui avait commencé les opérations du siège, ils furent finalement contraints de se retirer, sans avoir pu entamer la place, après plusieurs semaines d'un inutile blocus.

Pendant ce siège de Thionville, eut lieu un acte remarquable de dévouement de la part de trois cavaliers français, dévouement qui leur coûta la vie. Un peintre de talent, M. Chartier, a immortalisé cet héroïque épisode dans un remarquable petit tableau que l'on a admiré au Salon de 1892.

Au moment le plus terrible du siège, trois hussards s'offrirent pour porter à Metz une lettre du commandant de place. L'entreprise était d'autant plus périlleuse, que la ville était très étroitement bloquée. Mais le danger n'effrayait point ces trois braves patriotes. Ils se lancèrent hardiment au milieu de l'ennemi et se mirent en devoir de traverser l'armée allemande au milieu d'une grêle de balles.

Le trajet fut fatal à deux de ces héros, Houel et Dordelin, qui furent tués en route. Quant au troisième, dont le nom ne nous a malheureusement pas été conservé, il ne fut que blessé, et se croyait déjà hors d'affaire lorsqu'il se trouva en présence d'un groupe d'ennemis qui voulurent lui barrer la route.

Malgré sa blessure, l'héroïque hussard fond sur eux le sabre haut, se bat en désespéré, se dégage, arrive à Metz, remet sa lettre au général français et meurt presque aussitôt.

VII.

L'attaque de Saint-Michel par les grenadiers de la 39ᵉ
(20 avril 1796).

Lorsque Bonaparte vint prendre le commandement de l'armée d'Italie, le 26 mars 1796, il adressa à ses troupes la proclamation suivante :

« Soldats ! vous êtes mal nourris et presque nus ; le gouvernement vous doit beaucoup, mais nul ne peut rien pour vous.... Je vais vous conduire dans les plus fertiles plaines du monde.... Vous y trouverez honneurs, gloire et richesses. Soldats d'Italie, manqueriez-vous de courage ? »

Ce langage du jeune général enflamma l'ardeur des troupes placées sous ses ordres, qui, bien qu'inférieures en nombre à celles de l'ennemi, ne cessèrent de marcher de succès en succès.

Les hostilités commencèrent par l'attaque du village de Saint-Michel, dont le pont fut traversé par sept compagnies de grenadiers, sous le feu de l'ennemi. Saint-Michel fut enlevé par les nôtres, après trois heures de combat. Les rapports officiels constatent à ce sujet que « les grenadiers ont combattu comme des héros. Ils forcèrent le passage du pont, défendu par des retranchements bien garnis et de l'artillerie. Ils firent beaucoup de prisonniers en s'emparant du village de Saint-Michel ; et, quand les renforts survenus aux Piémontais obligèrent la colonne française à se reployer, elle n'exécuta sa retraite qu'après avoir fait la résistance la plus opiniâtre des sept compagnies de grenadiers. »

Plusieurs actes de bravoure illustrèrent les grenadiers de la 39e demi-brigade dans cette mémorable journée. En voici quelques-uns cités dans l'*Historique du 39e régiment d'infanterie* :

Le capitaine Clavel, commandant la 2e compagnie de

grenadiers, voyant que le passage du pont au delà duquel les Piémontais s'étaient retranchés s'effectuait difficilement, se décida à traverser à gué la rivière (le Tanaro), qui était profonde et rapide. Son exemple ayant été imité par quelques grenadiers, il arriva à léur tête du côté où étaient les Piémontais, les chargea à la baïonnette et leur fit abandonner la défense.

Cette vigoureuse offensive permit à la colonne française de passer.

Bouillé, sergent-major de la même compagnie, passa la rivière à gué, après le capitaine Clavel, et, pendant que ce dernier dégageait un lieutenant de grenadiers de l'ancienne 19° qui était pris par les Piémontais, il fila en avant avec les caporaux Gay et Thuillier et les grenadiers Babouin et Caron.

Ces cinq hommes courageux coupèrent la retraite à soixante-dix ennemis qui escortaient un train d'artillerie piémontaise de quatre-vingts chevaux. Déjà ils s'étaient emparés de ces chevaux, quand un renfort, survenu à la défense de ce convoi, les entoura. Les soixante-dix Piémontais, qui avaient mis bas leurs armes, les reprennent et somment à leur tour les vainqueurs de se rendre ; ceux-ci refusent et se défendent avec opiniâtreté. Le caporal Gay reçoit à lui seul huit blessures, et parvient, avec ses autres camarades, à se faire jour après avoir blessé une vingtaine de Piémontais.

Le brave caporal Gay mourut de ses blessures.

VIII.

Combat de Caprino (29 juillet 1796).

Jamais peut-être aucune armée ne fit d'aussi grandes choses, n'obtint d'aussi sérieux résultats avec moins de moyens et de ressources que les armées de la première République, qui, durant tout le début de l'époque révolutionnaire, luttèrent avec avantage, bien que dénuées de tout, contre des troupes parfaitement organisées et admirablement équipées. Dans plus d'une rencontre, l'heroïsme et l'intrépidité des soldats républicains remplacèrent les munitions absentes et leur firent remporter la victoire.

En Italie, par exemple, le 11 thermidor (29 juillet 1796), l'avant-garde du général Joubert fut surprise au Monte-Baldo par Mélas, qui commandait l'armée autrichienne. Menacé de front et de flanc par des forces supérieures, il recule en combattant et est finalement obligé de se retirer sur Caprino. Là, grâce à un léger renfort qu'il y trouve (deux bataillons de la 18ᵉ demi-brigade qui venaient d'arriver à son secours), Joubert arrête quelque temps l'ennemi et parvient à reformer ses troupes.

« Mais en ce moment, dit-il dans son rapport au général Berthier, je crois que l'ennemi se dirige principalement sur la montagne qui est près de l'Adige, sur notre droite, parce que, ce point enlevé, il arriverait avant nous à Campara, nous couperait la route et, par conséquent, la retraite. Je m'y porte de suite et j'ordonne la charge. Il y a à peine sur ce point quatre-vingts chasseurs ou volontaires de la 18ᵉ de ligne.

« — Nous n'avons plus de cartouches, me disent-ils.

« — Vos baïonnettes !

« — Nos fusils en sont dépourvus.

« — Eh bien ! la crosse des fusils et des pierres !

Le général JOUBERT.

« Ce qui fut dit fut fait ; nous tombons avec furie sur quatre cents Autrichiens qui viennent à nous ; la mêlée n'est que de deux minutes, et nous restons maîtres du champ de bataille. »

IX.

Augereau à Castiglione (du 1er au 5 août 1796).

Pierre-François-Charles Augereau, que Napoléon, devenu empereur, créa duc de Castiglione, était né à Paris en 1757. Humble enfant du peuple, il s'éleva par des prodiges de valeur jusqu'aux plus hauts grades de l'armée et mourut comblé de dignités et d'honneurs, le 8 janvier 1826, dans sa terre de la Houssaye, où il fut emporté par une hydropisie de poitrine.

La mère d'Augereau était fruitière et son père maître maçon. Celui-ci, honnête ouvrier, voulait faire embrasser sa profession à son fils. Mais le jeune Augereau était ambitieux : son caractère turbulent et aventureux le poussa à quitter de bonne heure la maison paternelle, dans l'intention « de faire son chemin », comme il le disait lui-même.

Il s'engagea dans les carabiniers, y servit quelque temps, puis se rendit à Naples, où il s'établit maître d'armes. Il demeura dans cette ville plusieurs années. Mais les événements qui, à la suite de la Révolution, se succédaient avec une rapidité foudroyante dans son pays natal, ne pouvaient laisser indifférent Augereau à l'étranger. En 1792, au moment où la France allait être envahie par la coalition européenne, il revint à Paris et partit comme volontaire à l'armée du Midi. Son audace et son intelligence le firent avancer rapidement. Deux ans après, à la suite de nombreuses actions d'éclat dans les Pyrénées, il était nommé général de brigade.

En 1796, il fut envoyé à l'armée d'Italie, avec Bonaparte, comme général de division. « Là, dit M. J. Travers, ses manœuvres sont dignes de Bonaparte, dont il fut l'un des plus actifs et des plus intrépides compagnons. Rien n'égale son courage au pont de Lodi, où il culbuta les Autrichiens ; à Castiglione qu'il enleva aux ennemis, et défendit ensuite pendant deux jours contre des forces bien supérieures ; au pont d'Arcole, où il suivit Bonaparte, un drapeau dans les mains, et sous une pluie de mitraille. »

A Arcole, l'avant-garde de l'armée française avait déjà combattu toute la journée sans pouvoir forcer le passage du pont. En vain plusieurs généraux s'étaient élancés à la tête de leurs colonnes, le feu de l'ennemi les repoussait sans cesse. Augereau saisit alors un drapeau, court à l'autre extrémité du pont et appelle ses soldats. Ceux-ci n'hésitent plus ; ils se précipitent sur le pont pour rejoindre leur chef. Le passage est franchi.

Mais ce fut surtout à Castiglione — cette bataille de quatre jours — qu'Augereau fit preuve d'une audace remarquable et déploya de réels talents militaires. Notre grand historien national va nous faire connaître les émouvantes péripéties de ces glorieuses journées.

Disons d'abord que l'armée française ne comprenait en tout qu'une quarantaine de mille hommes, alors que le général autrichien Wurmser, à la tête de plus de soixante-dix mille soldats, descendit du Tyrol pour secourir Mantoue, assiégée par huit mille Français, et attaquer la petite armée de Bonaparte. Son attaque eut lieu simultanément par trois côtés.

« Les trois colonnes autrichiennes, dit Henri Martin, marchèrent : la première, par la rive gauche de l'Adige, sur Vérone ; la seconde, le long de la rive orientale du lac de Garda, sur Peschiera ; la troisième, par la rive occidentale de ce lac, sur Salo et Brescia. Les deux premières colonnes devaient attaquer les Français et débloquer Mantoue ; la troisième, tourner les Français et couper leurs communications avec le Milanais.

« L'attaque, poussée avec vigueur, réussit d'abord. La colonne de gauche occupa les hauteurs qui commandent Vérone. La colonne du centre, que conduisait Wurmser en personne, refoula les Français des importantes positions de la Corona et de Rivoli, qui barrent le passage entre le lac de Garda et l'Adige. La colonne de droite descendit de l'autre côté du lac de Garda jusqu'à Brescia, qu'elle enleva avec nos malades et nos magasins.

« L'ennemi continuait d'avancer. Le péril croissait. Bonaparte, accouru au point central de Roverbello et voyant la ligne de l'Adige tournée, eut un moment la pensée de se retirer derrière le Pô. Un de ses lieutenants, Augereau, général d'une grande décision et d'une grande audace, s'y opposa vivement et se fit fort d'aller reprendre Brescia avec notre aile gauche.

« Bonaparte laissa faire Augereau et prit une grande résolution. Dans la nuit du 13 thermidor (31 juillet), il leva le siège de Mantoue en abandonnant l'artillerie de siège, ramassée à grand'peine dans toute la haute Italie, avec des approvisionnements considérables. Ce sacrifice lui permettait de masser toutes ses troupes, afin de tomber successivement sur les divers corps ennemis trop espacés.

« Wurmser eût pu prévenir Bonaparte en coupant le centre des Français avec sa colonne centrale, la plus forte des trois ; mais il crut que les Français l'attendaient auprès de Mantoue, et poussa droit à cette place, devant laquelle il ne trouva plus que des canons encloués et des débris de provisions noyées ou brûlées (14 thermidor — 1er août).

« Les Français employèrent mieux leur temps. Augereau, comme il l'avait dit, se porta à marche forcée sur Brescia. La droite autrichienne ne l'y avait pas attendu ;

elle avançait pour rejoindre Wurmser. Un petit corps français de quinze cents hommes avait renouvelé à Salo, sur le bord du lac de Garda, le dévouement victorieux des douze cents soldats du colonel Rampon. Il avait repoussé cinq assauts d'un corps d'armée autrichien et fut secouru à temps (13-14 thermidor — 31 juillet-1er août).

« Bonaparte rejoignit Augereau à Brescia, d'où il reporta son quartier général en avant, à Montechiaro. Il voulait aller occuper les hauteurs qu'une autre armée française a, de nos jours, enlevées aux Autrichiens dans la journée de Solférino. Mais, le lendemain, apprenant que l'ennemi avait passé en force le Mincio et que notre avant-garde avait abandonné le poste important de Castiglione, il projeta de concentrer l'armée à Montechiaro, puis de se replier sur l'Adda, pour, de là, reprendre l'offensive.

« Augereau protesta de nouveau contre toute retraite. Il voulait attaquer sur-le-champ. Les autres généraux le soutinrent. Bonaparte lui dit avec impatience : « Eh « bien ! prenez le commandement. »

« Il laissa Augereau diriger, sur notre droite, l'opération réclamée par lui avec tant d'ardeur, et alla rejoindre à Lonato notre centre, commandé par Masséna. De cette position, il pouvait se porter à droite ou à gauche, suivant les circonstances. De Lonato, il poussa notre gauche sur Salo et sur la rive occidentale du lac de Garda, pour tenir en échec le corps autrichien qui avait évacué Brescia.

« Ce corps autrichien, supérieur en nombre, refoula notre gauche et vint se jeter sur Lonato, pour tâcher de rejoindre Wurmser. Là, il fut coupé, haché, dispersé par Masséna avec une perte énorme (16 thermidor — 3 août).

« La nuit précédente, Augereau avait attaqué l'avant-garde de Wurmser et lui avait repris Castiglione et Solférino. Il battit de nouveau, le 16 thermidor, l'avant-garde de Wurmser renforcée.

« La droite autrichienne était tellement désorganisée par la défaite que lui avait fait éprouver Masséna, que ses corps, séparés les uns des autres, erraient au hasard. Un gros de quatre mille hommes revint, dans la journée du 17 thermidor (4 août), sur Lonato, où ses chefs avaient eu avis qu'il ne se trouvait plus que quelques

MASSÉNA.

centaines de Français. C'était précisément notre quartier général, et Bonaparte était là en personne.

« Le commandant autrichien fit sommer les Français de se rendre. Bonaparte répondit en lui donnant huit minutes pour mettre bas les armes avec sa division. Passé ce délai, il n'y aurait plus de quartier.

« Le commandant autrichien se crut entouré par toute l'armée française et se rendit.

« Bonaparte, en ayant fini avec toute la droite autrichienne, alla rejoindre Augereau à Castiglione. Toute notre armée eut ordre de s'y concentrer.

« Wurmser avait enfin réuni sa gauche et son centre, et s'avançait avec une armée déjà bien réduite et fort ébranlée. Bonaparte feignit un mouvement de retraite, pour donner le temps à nos divisions d'arriver et pour engager Wurmser à trop s'étendre à droite du côté du lac de Garda, puis il le tourna par sa gauche et reprit impétueusement l'offensive.

« La position centrale de Solférino fut enlevée à la baïonnette par un jeune général de brigade, Joubert, qui commençait une brillante mais bien courte carrière.

« L'armée autrichienne fut enfoncée, culbutée, chassée au delà du Mincio (18 thermidor — 5 août). Wurmser retourna en Tyrol avec la moitié à peine des forces qu'il en avait amenées. Il laissait dans les mains des Français quinze mille prisonniers et soixante-dix canons. »

A la suite de la campagne d'Italie où il s'était si brillamment distingué, Augereau revint à Paris et y fut pendant quelque temps tellement populaire, que le Directoire en prit ombrage et jugea prudent de l'éloigner de la capitale. Il fut donc envoyé à l'armée de Rhin-et-Moselle, puis à Perpignan, où il se trouvait encore lorsqu'il fut nommé membre du Conseil des Cinq-Cents, en 1799.

En cette qualité il se montra d'abord ardent adversaire du coup d'Etat du 18 brumaire, puis, brusquement, il se rallia avec éclat à Bonaparte, qui l'envoya commander l'armée de Hollande.

Lorsque le premier consul devint empereur, il récompensa le dévouement dont Augereau n'avait depuis lors cessé de faire preuve pour sa personne, en le créant maréchal de l'Empire et en le gratifiant du cordon de grand aigle de la Légion d'honneur.

Appelé en Allemagne en 1805, Augereau, dit M. J. Travers, « y défit les Autrichiens, et, l'année suivante, dans la guerre de Prusse, il déploya des talents qu'on n'avait pas soupçonnés. A Iéna, à Eylau surtout, ce fut plus qu'un homme. Il éprouva des revers en Espagne, n'eut qu'un commandement inférieur dans la guerre de Russie, se distingua à la bataille de Leipzick, mais, dans la campagne de 1814, n'obéit pas aux ordres réitérés de Napoléon de se porter sur le flanc de l'ennemi, et causa ainsi la ruine de l'empereur. »

Malheureusement, Augereau ternit sa gloire par ses conversions subites. Nous avons déjà vu que, au 18 brumaire, il fut successivement contre et pour Bonaparte. En 1814, il fut le premier à abandonner Napoléon, qui l'avait comblé de titres et d'honneurs, puis servit les Bourbons, qui le firent pair de France. L'année suivante, lorsque l'empereur revint de l'île d'Elbe, il changea de nouveau de sentiment et d'opinion et abandonna la cause de Louis XVIII pour acclamer son ancien chef. Enfin, après les Cent-Jours, quand Napoléon, définitivement vaincu, se fut embarqué pour Sainte-

Hélène, le trop versatile Augereau retourna offrir ses services à la Restauration, qui l'employa seulement dans un conseil de guerre pour juger le maréchal Ney, son ancien et glorieux compagnon d'armes.

X.

Débuts de la 5e demi-brigade légère en Italie
(7 et 8 septembre 1796).

Au mois d'août 1796, la 5e demi-brigade légère, récemment créée, arrivait en Italie faire campagne sous les ordres du général Bonaparte. Elle s'y distingua de telle sorte dès ses débuts, qu'elle mérita le surnom de « la brave » qui lui fut attribué et fut maintes fois citée avec éloges par le général en chef dans le bulletin des opérations. Voici, entre autres, deux extraits qui la concernent de ce bulletin conservé au *Dépôt de la guerre* ; le premier est relatif au passage des gorges de la Brenta et au combat de Primolano, livré le 7 septembre 1796 :

« Je vous ai rendu compte du combat de Seravalle, de la bataille de Roveredo et du combat de Lavis ; j'ai à vous rendre compte du passage des gorges de la Brenta. La division du général Augereau s'est rendue, le 20 fructidor an IV (6 septembre 1796), à Borgo-di-val-Sugana.... Le 21, à midi, l'infanterie légère, faisant l'avant-garde du général Lanusse, rencontre l'ennemi, qui s'est retranché dans le village de Primolano, la gauche appuyée à la Brenta et la droite à des montagnes à pic. Le géneral Augereau fait sur-le-champ ses dispositions. *La brave 5ᵉ demi-brigade d'infanterie légère* attaque l'ennemi en tirailleurs ; la 4ᵉ demi-brigade de ligne, en colonne serrée par bataillon, marche droit à l'ennemi, protégée par le feu de l'artillerie légère. Le village est emporté ; mais l'ennemi se rallie dans le petit fort de Cavolo, qui barrait le chemin et au milieu duquel il fallait passer. La 5ᵉ demi-brigade d'infanterie légère gagne la gauche du fort et établit une vive fusillade dans le temps où deux ou trois cents hommes passent la Brenta, gagnent les hauteurs de droite et menacent de tomber sur les derrières de la colonne. Après une résistance assez vive, l'ennemi évacue ce poste.

« Le 5e régiment dé dragons, auquel j'ai fait restituer ses fusils, soutenu par un détachement du 10e de chasseurs, se met à sa poursuite, atteint la tête de la colonne, qui, par ce moyen, se trouve toute prisonnière. Nous avons pris dix pièces de canon, quinze caissons, huit drapeaux, et fait quatre mille prisonniers. Demain, au matin, nous traversons le reste des gorges de la Brenta.

« Les citoyens Stock, capitaine au 2e bataillon de la 5e demi-brigade d'infanterie légère, Michaud, chef de brigade du 20e de dragons, etc., se sont particulièrement distingués.

« L'ardeur du soldat est égale à celle des généraux et des officiers. Il est cependant des traits de courage qui méritent d'être recueillis par l'historien et que je vous ferai connaître à mon premier moment de repos.

« BONAPARTE. »

Ce jour-là, en effet, au plus fort de l'action, le capitaine Stock s'était élancé avec ses carabiniers sur deux pièces de canon et s'en était emparé. Le caporal Flançon, également de la 5e légère, était parvenu à pénétrer dans le fort par une embrasure et à en ouvrir les portes à la demi-brigade. Enfin le carabinier Picard entra le premier dans les retranchements de Primolano.

Le caporal Flançon et le carabinier Picard reçurent chacun des sabres d'honneur.

Le lendemain, 8 septembre, nouveau combat à Bassano, et nouvelle victoire que Bonaparte annonce en ces termes :

« Je vous ai rendu compte de la marche de l'armée d'Italie sur Trente et du passage des gorges de la Brenta. Cette marche rapide et inattendue de vingt lieues en deux jours a déconcerté entièrement l'ennemi.... Würmser voulait nous couper, et il l'était lui-même.... Il ne me reste plus qu'à vous rendre compte de la bataille de Bassano.

« Le 22 fructidor, à deux heures du matin, nous nous mîmes en marche. Arrivés au débouché des gorges, près le village de Solagna, nous rencontrâmes l'armée ennemie. Le général Augereau se porta avec sa division sur la gauche et envoya à sa droite la 4e demi-brigade ; j'y fis passer également toute la division Masséna.

« Il était à peine sept heures du matin, et le combat avait commencé. Forts de leur bonne position et encouragés par la présence de leurs généraux, les ennemis tinrent quelque temps ; mais, grâce à l'impétuosité de vos soldats, à la bravoure de la 5e demi-brigade d'infanterie légère et de la 4e de ligne, l'ennemi fut partout mis en déroute. Nous avons, dans cette journée, fait cinq mille prisonniers, pris trente-cinq pièces de canon tout attelées, avec leurs caissons, deux équipages de pont, plus de deux cents fourgons.... Nous avons pris cinq drapeaux.

« Le capitaine Stock, de la 5e demi-brigade d'infanterie légère, et le carabinier Picard, de la même demi-brigade (ce brave traversa trois pelotons ennemis et arrêta l'officier général qui les commandait ; il a, à lui seul, tué treize hommes), se sont couverts de gloire.

« Nous avons en six jours, toujours nous battant dans des gorges inexpugnables, fait plus de quarante-cinq lieues, pris soixante-dix pièces de canon et des magasins considérables.

« BONAPARTE, »

6

XI.

Un épisode du combat de Grandchamp (25 janvier 1800)

Au commencement de l'année 1800, la guerre civile sévissait encore en France, et nos vaillantes armées avaient non seulement à repousser l'invasion étrangère, mais encore à combattre en Bretagne et en Vendée des populations fanatisées qui ne songeaient qu'à introduire les Anglais en France, pour relever avec leur aide la royauté qui leur était chère.

Dans un combat livré le 25 janvier 1800, à Grandchamp, une colonne d'un millier d'hommes, commandée par le général Harty, infligea un échec complet aux bandes de Georges Cadoudal, l'un des chefs de l'insurrection vendéenne. Voici un épisode de ce combat, rapporté par le chef de brigade Féry, qui donnera une idée de l'héroïsme que déployèrent les soldats de la République dans ces circonstances douloureuses :

« Je dois faire connaître un trait hardi qui a fait l'admiration de l'armée, raconte le chef de brigade Féry, à qui nous laissons maintenant la parole. Deux heures avant le combat, la 1re compagnie du 1er bataillon du 52e, que j'ai l'honneur de commander, reçut l'ordre de partir pour Grandchamp, pour escorter un convoi de grains destiné à Vannes. Cette compagnie, composée de cent dix hommes, fut attaquée sur la route, à une lieue et demie de la colonne, par une troupe de chouans au nombre de quinze cents, cavaliers et infanterie. Cette bande, embusquée à gauche et à droite de la route, fit un feu violent qui mit bientôt ce faible détachement dans l'impossibilité de lui faire face. Le convoi tomba en leur pouvoir, et les soldats de l'escorte, n'espérant point de secours assez prompts, furent forcés par le nombre à battre précipitamment en retraite. La cavalerie de l'ennemi les chargea vigoureusement ; ce qui les obligea de se séparer pour éviter une plus grande défaite, en se jetant dans les bois (de Mencou, à huit kilomètres de Vannes).

« Trente-trois hommes de ces braves, dont deux déjà blessés, cernés de toutes parts et prêts à tomber entre les mains des brigands, s'emparèrent d'un château (le château du Guern), en fermèrent habilement toutes les issues en criant : *Plus de retraite ! mourons ici, s'il le faut, mais vendons cher nos vies.*

« Un sergent et un fourrier étaient les seuls chefs de cette petite troupe : le lieutenant venait d'être pris par les brigands. Ils distribuèrent aussitôt les postes à leurs soldats. Les fenêtres servirent bientôt de remparts aux assiégés, et toute la troupe soutint une fusillade de cinq heures qui coûta beaucoup de monde aux chouans.

« Ces brigands, étonnés d'une telle résistance, leur proposèrent des conditions, après les avoir sommés de se rendre.

« Après un quart d'heure d'entretien, pendant lequel ils ne purent rien gagner, ces brigands entraînèrent le lieutenant commandant la compagnie qu'ils avaient pris à quatre cents pas du château, le présentèrent aux soldats comme otage, en leur disant de se rendre s'ils voulaient lui sauver la vie ; mais ils répondirent aux chefs : « Il est bien malheureux que notre commandant « soit entre vos mains ; c'est assez d'une victime sans « défense ; pour nous, nous mourrons les armes à la « main ; retirez-vous. »

« Les chouans essayèrent de mettre le feu au château ; une partie des assiégés parvint à l'éteindre avec peine, tandis que l'autre pratiquait des meurtrières et s'occupait à la fusillade.

« La fermeté avec laquelle ces militaires ont su se défendre et la nuit qui survint engagèrent les brigands à abandonner le château. Les trente-trois soldats sont rentrés le lendemain, emmenant avec eux deux blessés du combat de la veille.

« Les noms du sergent et du fourrier qui ont dirigé cette défense sont : le premier, MARCHAND, natif de Montmirail, département de la Marne, et STIERLING, natif de Paris. L'action de ces deux militaires mérite, sans doute, une récompense encourageante et un avancement qui leur est dû sous divers rapports. »

Nous pouvons compléter le rapport du chef de brigade Féry en ajoutant que le sergent Marchand et le fourrier Stierling furent faits sous-lieutenants par le général en chef.

XII.

Le 57ᵉ — « le Terrible » — à Austerlitz
(2 décembre 1805).

Cinq mille républicains, commandés par Kléber, furent, à Torfou, le 19 septembre 1793, assaillis par quarante mille Vendéens, qui les débordèrent et les prirent à revers. Ils se virent bientôt forcés de reculer devant l'impétuosité de l'attaque d'un ennemi aussi supérieur en nombre. En ce moment critique, Kléber, comprenant qu'il fallait à tout prix arrêter l'ennemi, avisa le lieutenant-colonel Chouardin, du 57ᵉ.

— Tu vois ce pont, lui dit-il; tu vas l'occuper; tu t'y feras tuer.

— Oui, mon général.

Et, sans ajouter un mot, l'officier ainsi interpellé marcha droit au pont et s'y fit effectivement tuer avec tous ses hommes ; ce qui donna le temps aux renforts d'accourir et permit à Kléber de sauver son avant-garde.

Voilà un bel exemple de dévouement héroïque à la discipline, qu'il est d'autant moins permis d'oublier, que le régiment auquel appartenaient les héros de Torfou, grâce à cette sévère et stricte discipline de ses soldats, jointe à leur audacieuse bravoure, accomplit à maintes reprises d'extraordinaires et de remarquables faits d'armes sur les divers champs de bataille où il fut engagé, tant sous la République que sous l'Empire.

En Italie, le lendemain de la bataille de la Favorite (16 janvier 1797), où la 57ᵉ demi-brigade avait fait des prodiges de valeur, Bonaparte, en passant en revue les vainqueurs, s'arrêta devant la 57ᵉ, et, soulevant son chapeau, la salua en l'appelant : *La terrible 57ᵉ que rien n'arrête...*

Ce surnom, le régiment tint à honneur de continuer à le mériter : il fut constamment renommé pour son héroïque audace. A Austerlitz, il se surpassa.

KLÉBER.

« Le 1ᵉʳ décembre au soir, veille de la bataille, lisons-nous dans l'*Historique* de ce vaillant régiment (1), le régiment bivouaquait au Santon, lorsque Napoléon, en parcourant le front de bandière au milieu d'une illumination de feux de bivouacs et de torches piquées sur les faisceaux, s'arrête devant la 2ᵉ compagnie de grenadiers du 57ᵉ.

« — Grenadiers, dit-il, souvenez-vous qu'il y a longtemps que je vous ai donné le nom de *Terrible*.

« — Sire, répond un sergent de cette compagnie, nommé Bourgade, vous n'aurez pas besoin de vous exposer demain ; je jure, au nom de tous les grenadiers de l'armée, que vous n'aurez qu'à combattre des yeux ; nous vous amènerons les canons et les drapeaux russes pour célébrer l'anniversaire de votre couronnement.

« Le lendemain, les soldats du 57ᵉ tinrent à honneur de remplir la promesse du sergent Bourgade. Après avoir coupé en deux l'armée ennemie, en enlevant avec la division Vandamme le plateau de Pratzen, le 57ᵉ seul culbute et enfonce à la baïonnette, sans brûler une car-

____

(1) Par MM. le capitaine Itier et le lieutenant Favatier.

touche, trois bataillons de grenadiers russes, prend le colonel qui les commande et quatre ou cinq cents hommes, cloue sur leurs affûts les servants de cinq canons qui crachent la mitraille sur ses rangs, enlève un parc d'artillerie composé de quarante pièces et d'autant de caissons, puis, se rabattant à droite avec le concours du 46e, rejette les Russes, par une lutte acharnée, dans les marais de Telnitz, qui en engloutirent quinze ou seize cents.

« Dans cette immortelle journée, la brigade Férey, composée du 57e et du 46e, gagne, par allusion à son intrépidité, le surnom de *Brigade de fer.*

XIII.

Un glorieux épisode de la guerre d'Espagne (juillet 1808).

A la suite de la capitulation de la flotte française à
Cadix, toute l'Andalousie se mit en insurrection contre
l'occupation française. Le général Dupont effectuait
alors une marche de Tolède sur Cadix, au secours de
qui il se portait. Il avait même déjà battu les Espagnols
à Alcoléa (7 juin 1808) et était entré le même jour à

Cordoue ; puis, à la tête des dix mille hommes dont il disposait, il s'était avancé jusqu'au défilé de Baylen. Mais là, il fut arrêté le 19 juillet par trente à trente-cinq mille Espagnols commandés par Gartanos. Il engagea néanmoins la bataille, fut battu, et capitula avec son corps d'armée, réduit à trois mille hommes sous les armes à la fin de la journée.

Cette capitulation du général Dupont, qui eut alors un retentissement considérable et fut sévèrement jugée, fut immédiatement suivie par un fait d'armes héroïque, accompli par le colonel Rouelle, qui, à la tête de son brave régiment, le 5° provisoire, accourait au secours de Dupont et se trouvait isolé à Madridejos et fort compromis au milieu de l'insurrection, lorsqu'il eut connaissance de la capitulation signée à Baylen. Nous empruntons au capitaine Weil, qui, dans son ouvrage intitulé *Œuvres militaires du maréchal Bugeaud*, a longuement raconté en 1860, d'après le *Spectateur militaire*, où il en avait trouvé la relation, cette glorieuse retraite du colonel Rouelle sur Madrid, épisode alors peu connu de la guerre d'Espagne.

« Le colonel Rouelle, dit-il, se dirigeait sur Baylen

par Ocana pour rejoindre son général en chef et prendre part aux événements dont il ne connaissait pas l'issue. Sa colonne se composait de : un escadron de chasseurs, deux pièces de 4 et un régiment d'infanterie, le 116e de ligne nouvellement créé, et qui, composé de quatre bataillons venant d'autant de régiments, avait, jusqu'au 1er juillet, porté le nom de 5e provisoire.

« Arrivé à Madridejos et au moment d'y entrer, le colonel Rouelle rencontre un parlementaire espagnol accompagné du capitaine Villontreys, aide de camp du général Dupont.

« Le capitaine Villontreys avait été envoyé par son général à Madrid pour y porter la capitulation ; en s'y rendant, il devait faire mettre bas les armes à tous les corps de l'armée de Dupont, qu'il avait ordre d'instruire du traité qui venait d'être conclu avec le général Castanos. Déjà il avait obtenu l'obéissance et la soumission de la division Vedel et de la division Dufour (ci-devant Gobert) à laquelle appartenait le 116e ; mais il n'en devait pas être de même avec le digne chef de ce brave régiment, l'intrépide colonel Rouelle.

« Malgré les sommations de l'envoyé du général en

chef, le colonel Rouelle refusa de se rendre ; mais, ne voulant pas assumer sans conseil ni réflexion la terrible responsabilité qu'entraînait sa désobéissance, il fit battre à l'ordre et réunir au centre du régiment les officiers et les sergents-majors.

« — Messieurs, leur dit-il, je vous ai convoqués à une espèce d'assemblée de famille, pour vous informer des événements déplorables qui viennent d'avoir lieu et prendre votre avis dans la circonstance difficile où nous nous trouvons.

« Il leur fit ensuite le récit de ce qui s'était passé à Baylen, et ajouta avec l'accent de l'indignation :

« — On veut nous forcer à nous rendre, nous qui n'étions pas à cette malheureuse affaire, nous dont on n'a pu disposer que par un abus de pouvoir et un excès de lâcheté, nous enfin qui avons des armes ! Le souffrirons-nous, mes amis ? Non, tant que j'aurai une goutte de sang dans les veines, je la disputerai aux Espagnols et je ne la rendrai pas sans combat.

« Ces paroles généreuses sont suivies d'un murmure approbateur ; mais personne n'élevait la voix pour applaudir à la courageuse résolution qui venait d'être développée, lorsque le sous-lieutenant de voltigeurs Bugeaud (1) s'avançant au milieu du cercle :

« — Mon colonel, s'écrie-t-il, puisque vous nous avez appelés pour nous consulter, et qu'il nous est permis d'exprimer notre opinion, je vous dirai, au nom de tous, que nous partageons votre sentiment. Nous regarderions comme une honte de nous rendre, quand la retraite est si facile. Que dirait l'empereur, s'il apprenait qu'une colonne de quatre bataillons et d'un escadron a déposé les armes sans combat lorsqu'il lui restait un salut ? Ordonnez la retraite, mon colonel, nous vous suivrons ; et, pour ma part, je demande que ma compagnie ait l'honneur de faire l'arrière-garde jusqu'à notre arrivée à Madrid.

« — Est-ce votre avis à tous ? demanda le colonel en parcourant du regard tout le cercle.

« — Oui, mon colonel, oui, s'écria-t-on de toutes parts, et que Bugeaud commande l'arrière-garde.

---

(1) Légère erreur du capitaine Weil. Le futur maréchal Bugeaud était alors déjà lieutenant, grade qui lui avait été conféré le 21 décembre 1806.

« — Eh bien ! mon cher Bugeaud, dit le colonel, en s'adressant au futur maréchal de France, qu'il en soit fait ainsi que vous l'avez demandé ! Vous formerez l'arrière-garde avec votre compagnie, puisque vous la commandez si bien depuis que nous avons perdu votre capitaine et votre lieutenant. Nous devons nous débarrasser de tous nos bagages, et remplir nos sacs des cartouches et des pains, que nous trouverons facilement à Madridejos : une forte colonne pourra aller les y chercher pendant que la colonne prendra position en dehors de la ville. Ensuite, nous attendrons la nuit pour commencer la retraite.

« Le projet fut mis à exécution, et les ordres donnés en conséquence dans toutes les compagnies. Une corvée armée de cinq à six cents hommes entra en bon ordre à Madridejos, où l'on convoqua immédiatement sur la place les autorités civiles. Une colonne de prisonniers français venait d'y arriver, sous la conduite d'une nombreuse escorte. On dispersa promptement l'escorte et l'on donna aux prisonniers les armes et les munitions qu'on trouva dans les couvents, qui en étaient toujours abondamment pourvus.

« Dès le second jour de la retraite, qui s'effectuait par une chaleur extrême, la colonne eut à repousser les attaques d'un corps espagnol composé d'infanterie, de paysans armés et de dragons. Ces derniers surtout harcelaient continuellement l'arrière-garde, et, pour ne pas être coupé du côté de Madrid, le colonel Rouelle se voyait obligé de prendre position à chaque instant. Cette circonstance ralentissait beaucoup la retraite, qui s'exécutait néanmoins en bon ordre ; et les deux pièces de campagne, toujours placées à l'arrière-garde, aidaient de leur mieux les voltigeurs de Bugeaud à tenir en respect les dragons et les tirailleurs ennemis.

« Bientôt le manque d'eau se fit sentir d'une manière affreuse, et tous les chevaux périrent ; les cavaliers formèrent alors des pelotons d'infanterie, et les officiers supérieurs du 116ᵉ furent réduits à présider à pied aux soins si pénibles du commandement dans une retraite.

« Les mules qui traînaient la batterie régimentaire résistèrent plus que les chevaux, mais elles périrent aussi et furent remplacées par des hommes de bonne volonté qui s'attelèrent aux pièces.

« De son côté, l'ennemi souffrait aussi de la chaleur

et du manque d'eau ; sa poursuite, que ne soutenait plus sa cavalerie démontée, se ralentit peu à peu, si bien qu'arrivé à Aranjuez, le colonel Rouelle, ne jugeant pas nécessaire de garder plus longtemps sa petite artillerie qui embarrassait sa marche, la fit enclouer et jeter dans le Tage.

« La colonne était alors bien diminuée : marchant nuit et jour, combien de cadavres n'avait-elle pas semés sur sa route depuis le commencement de cette héroïque retraite ! La lassitude était devenue tellement grande, tellement insupportable, que beaucoup d'hommes, rendus de force et de courage, se couchaient sur la route et refusaient d'aller plus loin, malgré les ordres, malgré les prières de leurs officiers, et au risque de tomber entre les mains de leurs cruels ennemis, dont ils n'avaient à espérer aucun quartier.

« Durant ce pénible trajet de plus de trente lieues, on n'avait pas trouvé une goutte d'eau et presque pas un arbre dans la campagne ; pas un habitant dans les petites villes et les villages qu'on avait traversés. C'était à peine si on avait pu mettre la main sur quelques sacs de farine et quelques outres de vin, qu'on avait pu découvrir, à force de recherches, dans ces lieux abandonnés. A Aranjuez, distant de Madrid d'environ quinze lieues, on put prendre un peu de repos et des vivres dont on avait si grand besoin. Le colonel Rouelle envoya alors de cette ville, par une ordonnance, une lettre au maréchal Jourdan, major général de l'armée, résidant à Madrid. Il lui expliquait sa conduite; lui racontait les événements qui venaient de se passer et lui demandait ses ordres, en le prévenant qu'il continuait sa marche vers la capitale pour aller le rejoindre.

« Il arriva trois jours après.

« Lorsque cette valeureuse troupe fut en vue de Madrid, un aide de camp, envoyé par le maréchal Jourdan, vint prévenir le colonel Rouelle que la révolte avait éclaté dans la ville et que le petit corps de troupe qui la gardait avait été obligé de l'évacuer et de prendre position sur les hauteurs environnantes.

« Le maréchal ordonnait en conséquence au colonel Rouelle de ne pas entrer dans Madrid, mais de tourner la ville en longeant le Cours qui forme comme une espèce de boulevard extérieur, et de faire dans ce trajet le moins de bruit possible.

« On entra donc par la Puerta del Sol et on parcourut le Prado sans bruit de caisses, ce qui n'empêcha pas le peuple de vomir des injures et de lancer des pierres contre ces braves qui venaient d'accomplir une tâche si pénible et si laborieuse.

« On peut deviner qu'ils furent reçus à bras ouverts par le petit corps de Jourdan qu'ils venaient renforcer. Le colonel Rouelle obtint l'approbation et les éloges du maréchal pour la belle conduite qu'il avait tenue.

« Mais le héros de cette retraite, d'après l'aveu de tous, fut l'intrépide Bugeaud, qui s'était si vaillamment distingué dans la conduite de l'arrière-garde. Les soldats lui prédirent dès ce moment les plus hautes destinées, qu'il a depuis accomplies.

« On peut nous croire, car nous tenons ce fait du sergent-major de sa compagnie, actuellement (1) capitaine en retraite : ses voltigeurs lui dirent à cette époque qu'il serait un jour maréchal de France.

« Parmi les officiers du 116ᵉ qui participèrent à cette glorieuse marche, plusieurs sont parvenus à des grades

---

1) Nous rappelons que ce récit a été écrit en 1860.

élevés et ont acquis depuis une haute réputation dans l'armée.

« Le colonel Rouelle est mort, il y a quelques années, général de brigade en retraite au Havre.

« Le sous-lieutenant Roussel est aujourd'hui maréchal de camp en retraite.

« Le sous-lieutenant Coman porte aussi les deux étoiles et commande encore d'une manière brillante une brigade en Algérie.

« Le sous-lieutenant Marcel est également maréchal de camp.

« Nous croyons pouvoir affirmer que la colonne Rouelle est la seule troupe qui ait échappé à la déplorable capitulation de Baylen, et, par suite, à là dure captivité de Cabrera. »

Quant au colonel Rouelle, avant de diriger et de commander cette retraite mémorable, il avait déjà maintes fois donné des preuves de sang-froid et de bravoure. Ses nombreuses actions d'éclat lui valurent d'ailleurs d'être fait baron de l'Empire le 7 août 1810. Il fut en outre nommé général de brigade le 1er janvier 1812.

Pierre-Michel Rouelle était parti pour l'armée, le

6 septembre 1792, comme soldat au bataillon du Havre, sa ville natale. Vingt jours plus tard, il devenait capitaine au même bataillon. Chef de bataillon le 11 septembre 1799, il passait au 40e de ligne en qualité de major le 19 avril 1806, et, le 10 novembre 1807, était mis à la tête du 5e provisoire avec le grade de major-commandant.

Tels étaient les états de services du colonel Rouelle au mois de juillet 1808. Quant à ses actions d'éclat, voici, d'après l'*Historique du 116e régiment d'infanterie*, celles qu'il avait déjà accomplies avant cette époque :

Le 8 septembre 1793, à la bataille d'Echentzlhost, cet officier, à la tête de trois compagnies, força un bataillon autrichien placé pour la défense d'un pont, le mit en déroute, s'empara des équipages du régiment de dragons de la Tour et fit cent prisonniers.

Le 2 messidor an VII (20 juin 1799), à l'affaire de la plaine Saint-Julien sous Alexandrie, ayant, comme capitaine, le commandement du demi-bataillon qui fut détaché pour protéger l'artillerie, il rendit inutiles les efforts d'un escadron de cavalerie qui voulait s'en emparer.

Le 28 messidor an VII (16 juillet 1799), à la bataille de Novi, à la tête de trois cents hommes, il résista plusieurs fois avec intrépidité à des charges de la cavalerie russe qui cherchait à l'entamer ; il reçut la mission de protéger la retraite à la suite de cette bataille, arrêta les Russes dans différentes positions, particulièrement en avant de Vada, où il les tint en échec et les harcela. C'est à cette occasion que le général Moreau, instruit de sa bravoure et de son intelligence, le nomma chef de bataillon sur le champ de bataille.

Il prit le commandement du 14e régiment de ligne, après la mort du colonel Mazas, qui fut tué à la bataille d'Austerlitz. Il fut grièvement blessé ; mais il ne cessa, malgré sa blessure, de se distinguer par sa bravoure et les manœuvres hardies qu'il fit faire au régiment sous le feu de l'ennemi, et qui toutes furent couronnées du plus brillant succès.

XIV.

La défense de Ratisbonne (19 avril 1809).

Le soir du 18 avril 1809, au début de la campagne d'Allemagne que Napoléon Ier, accouru d'Espagne, venait diriger en personne, le 65e régiment de ligne s'établissait sur les hauteurs de la Trinité, en avant d'un des faubourgs de la ville de Ratisbonne, nommé Stadt-am-Hoff, — position fort importante, car elle couvrait la retraite de la division Friant, qui, sur l'ordre de l'empereur, passa le Danube dans la matinée du lendemain pour aller rejoindre la Grande Armée vers Abensberg, où s'effectuait la concentration des troupes. Le 65e demeura donc isolé du reste de l'armée. Il se couvrit de gloire le 19 avril dans un des plus beaux faits d'armes de nos annales militaires. Nous empruntons à l'*Historique du 65e régiment d'infanterie* le récit qu'en a fait M. le capitaine Bissey.

En s'éloignant de Ratisbonne, dit-il, le maréchal Davoust avait réservé au 65e le rôle périlleux de garder cette place contre les armées nombreuses qui allaient l'attaquer par les deux rives du Danube ; mais il comptait, disait-il, « sur cet excellent régiment. » Il importe de rappeler que Ratisbonne était le plus important de tous les points stratégiques du théâtre de la guerre dans l'Allemagne méridionale. Centre des routes de toute l'Allemagne, placée au sommet de l'angle que fait le Danube, à distance égale de Passau et de Donawerth, d'Egra, de Forscheim, d'Augsbourg et de Munich, cette ville avait, au point de vue des opérations générales, une importance extrême à cause de son pont en pierre, le seul qui existât alors sur le Danube depuis Ulm. Son importance s'était encore accrue, dans la circonstance, de ce qu'elle séparait les corps de l'armée autrichienne et fermait, après la prise de Landshut, toute retraite à l'archiduc, qui aurait été prévenu sur les ponts du bas Isar. Disons enfin, pour terminer ce rapide exposé, que la ville est tout entière sur la rive droite du Danube, et qu'elle était, à cette époque, entourée d'un vieux mur et d'un fossé en mauvais état, d'un développement trop étendu pour être défendu par un seul régiment. Le faubourg de Stadt-am-Hoff, situé sur la rive gauche, se trouve à l'ouest du confluent de la Regen....

Le 19, sur les deux heures, le corps entier des généraux Kollowrath et Klénau attaque Stadt-am-Hoff. Ce corps avait *dix bataillons, douze escadrons et une artillerie nombreuse.*

Les canons firent d'abord les plus grands ravages dans le faubourg. Ils prenaient en flanc, en tête et par derrière un bataillon, le 1er, chargé de la défense de ce point, sous les ordres du commandant Rougé. Ce bataillon, après la plus vigoureuse résistance, se retira d'abord sur le pont, puis rentra en ville et fit lever le pont-levis.

Dix minutes après, le pont-levis se rabaissait. Le colonel (Contard, qui commandait le 65e) avait réfléchi que l'absence des riches habitants du faubourg porterait les ennemis à le piller ; il résolut de le reprendre. Exhortant chaleureusement ses troupes et leur donnant les instructions les plus précises, il les lança au pas de course sur les Autrichiens. Cette brusque sortie, vigoureusement exécutée, eut un merveilleux succès. On se battit à coups de fusil, à coups de baïonnette, à coups de poing, à coups de pied : c'était un pêle-mêle inouï.

Les Autrichiens, surpris, épouvantés, furent mis en déroute et évacuèrent le faubourg, laissant derrière eux plus de quatre cents prisonniers, dont dix officiers, le drapeau du régiment de Froën et trois guidons.

L'ennemi avait perdu 1,500 hommes ; le 65e avait 800 tués ou blessés.... Le premier bataillon coucha dans Stadt-am-Hoff reconquis.

Le colonel adressait, à huit heures du soir, au maréchal Davoust, le rapport suivant :

« Monseigneur, à deux heures de l'après-midi, j'ai été attaqué, dans ma position de la Chapelle, par deux régiments d'infanterie, un de uhlans, un de dragons, et trente pièces de canon, commandés par le général Kollowrath. Je savais que Votre Excellence se battait, j'entendais le canon, j'ai annoncé d'avance la victoire que vous avez remportée (la bataille de Thann), et nous avons reçu l'attaque de l'ennemi aux cris de : « Vive « l'empereur ! »

« J'ai fait 400 prisonniers, dont 10 officiers ; l'ennemi a considérablement souffert. Tout le monde mérite des éloges. MM. les commandants Rougé et Faget se sont couverts de gloire. Le capitaine de grenadiers Compin a pris un drapeau. Plus tard j'aurai l'honneur d'adresser à Votre Excellence, avec un rapport plus détaillé, le précis des faits particuliers qui honorent le régiment.

« *La moitié de mon monde est hors de combat, et, depuis deux heures, je me bats avec les cartouches des prisonniers que j'ai faits.*

« Je tiendrai, Monseigneur ; mais envoyez-moi des cartouches.

« Le colonel du 65e,

« Baron DE CONTARD. »

« La défense de Ratisbonne, a dit le général de Lauriston, est restée comme l'un des plus brillants épisodes de nos annales, si fécondes en merveilles. »

Dans son rapport à l'empereur, le maréchal Davoust dit à son tour :

« J'avais laissé un régiment, le 65e, à Ratisbonne ; il a été attaqué par dix à onze mille hommes. L'ennemi a été complètement battu. On lui a pris deux canons, deux drapeaux et quatre cents prisonniers. Je fais passer de suite au colonel Contard un bataillon de renfort, des munitions et un détachement de cent chevaux. »

En effet, conformément à cette dépêche, à sept heures, le capitaine de Trobriand, porteur d'un ordre du maréchal, était arrivé à Ratisbonne. Il avait recommandé au colonel de garder la position et non de se porter sur Abensberg, comme l'indiquaient ses premières instructions.

Rien n'était plus difficile ; le régiment était épuisé ; il n'avait plus de munitions, il ne possédait ni un canon, ni un caisson ; il n'avait que les cartouches de ses prisonniers.

M. de Trobriand promettait que le lendemain, avant le jour, la garnison recevrait deux bataillons de renfort et des munitions. La nuit fut calme ; le régiment en profita pour refaire ses forces et préparer la résistance.

Toute la matinée du lendemain se passa en observation ; mais les renforts anxieusement attendus ne vinrent pas ; vers dix heures, ils furent repoussés par une division autrichienne, et les caissons enlevés par l'avant-garde.

Monté dans une des tours de la cathédrale, le colonel vit à la fois ses espérances de secours complètement détruites et les forces de l'ennemi se déployer contre la ville. Les patrouilles du prince de Lichtenstein parurent sur la rive droite du Danube, et bientôt les quinze cents hommes de cette division, particulièrement composée de cavalerie, occupèrent la route d'Abach, interceptant ainsi la seule voie par où le 65e pouvait rejoindre l'armée.

On ne saurait peindre l'angoisse et la douleur du colonel et de ses braves soldats ! Investis par trente-six mille hommes — les 1er et 2e corps autrichiens tout entiers — privés de tout secours, enfermés dans une place détestable, n'ayant plus de cartouches, que pouvaient-ils faire ? On songea bien à une trouée ; mais comment la tenter sans munitions ? On attendit.

Vers deux heures, le prince de Lichtenstein envoya au colonel un de ses aides de camp pour lui offrir une capitulation.

Quinze cents hommes blessés, exténués, avaient donc arrêté deux armées, et cette puissante diversion, en occupant Kollowrath et Lichtenstein, avait assuré le succès du combat d'Abensberg (20 avril) et de la bataille d'Eckmühl (22 avril).

Après avoir essayé de gagner du temps en pourparlers, le colonel fut obligé, à quatre heures, de capituler.

Plein d'une juste estime pour de si braves adversaires, le prince de Lichtenstein leur donna les plus honorables conditions. En voici le texte :

« Monsieur le baron de Contard, colonel du 65e régiment de ligne, et les officiers de son régiment faisant partie de la garnison de Ratisbonne, gardent leurs armes et bagages et rentrent en France sur leur parole d'honneur.

« La garnison sortira avec les honneurs de la guerre.

« Les sous-officiers et soldats déposeront leurs armes et garderont leurs bagages. »

Le prince de Lichtenstein, dont la bravoure sympathisait avec le courage malheureux, combla des procédés les plus honorables les débris héroïques de l'infortuné régiment.

Quant au colonel Contard, il s'était déjà, avant Ratisbonne, signalé par plusieurs actions d'éclat et avait conquis tous ses grades sur le champ de bataille. Né à Ballon (Sarthe), le 19 février 1769, il s'était engagé au régiment de Bresse le 13 mars 1787. Elu capitaine au 1er bataillon de la Sarthe le 11 janvier 1793, il fut promu chef de bataillon l'année suivante, puis chef de brigade à la 73e en l'an VIII. Il était colonel du 65e de ligne depuis le 12 vendémiaire an XII. Voici quelques-unes des actions d'éclat de ce brave relatées sur ses états de services :

« Il commanda les grenadiers de l'aile droite à la bataille de la Trebia, soutint pendant longtemps, avec une poignée de braves, les efforts d'un ennemi supérieur en nombre, et reçut dans cette action une blessure assez grave, qui ne l'empêcha pas cependant de continuer à combattre.

« A l'assaut d'Ortonomare, pays de Naples, le 14 ventôse an VII, il pénétra le premier dans la ville, sous le feu meurtrier de l'ennemi, par une embrasure armée d'une pièce de canon encore chargée à mitraille.

« Au siège de Gênes, il gravit avec cinquante hommes

la montagne des Deux-Frères sans tirer un coup de fusil, sauta dans les retranchements ennemis et s'en empara. Sa brillante conduite dans une vigoureuse sortie de la garnison, le 13 prairial an VIII, le fit nommer chef de brigade sur le champ de bataille. »

Louis-François Contard fut fait baron de l'Empire par Napoléon Ier. Général de brigade le 6 août 1811, puis lieutenant général le 25 novembre 1814, il fut mis en disponibilité en 1830, et retraité le 26 juin 1831. Louis XVIII l'avait créé comte et fait commandeur de Saint-Louis.

XV.

Combat et prise de Santander (10-11 juin 1809).

Si jamais des soldats subirent d'intolérables fatigues et supportèrent de cruelles misères, ce furent entre autres ceux du 120e de ligne en Espagne, sous le premier Empire. Et cependant ces braves et vaillants soldats souffrirent sans murmurer, montrant partout et toujours une discipline admirable.

« Pendant plus de trois ans, le 120e, perdu au milieu des montagnes de Santander et des Asturies ou isolé dans les plaines de Léon, lutte obscurément, mais non sans gloire, contre un ennemi réputé pour son courage, qui a l'avantage du nombre et de la position. Laissé presque nu, sans solde, sans souliers, et souvent sans pain, il étonne l'ennemi par sa valeur et par sa discipline. *Les Espagnols en ont une peur du diable,* disait de lui son brave général, le comte Bonet. »

Le tambour Lambert va nous montrer ce dont étaient individuellement capables ces braves déguenillés qui, réunis, étaient invincibles. Lorsque, au mois de mai 1809, le général Bonet força le passage de la Deba, l'héroïque tambour Lambert se jeta à l'eau et aborda le premier la rive opposée, où il attaqua la sentinelle espagnole, qu'il tua d'un coup de sabre. Puis, s'emparant d'une barque, il revient sur l'autre rive et la remet au capitaine Lépine, qui y monte avec ses grenadiers et s'en sert à son tour pour traverser la rivière et aller attaquer l'ennemi.

Les forces espagnoles destinées à nous empêcher de traverser la Deba étaient de douze à quatorze mille hommes : elles ne purent point cependant arrêter la petite troupe des Français.

Déjà le général Bonet, nous apprend l'*Historique du* 120e, avait envahi les Asturies avec le 120e et deux bataillons du 119e, et procédait à la conquête de cette province, quand il apprit que des rassemblements ennemis manœuvraient sur ses derrières et menaçaient la place de Santander. Le général espagnol Ballesteros, se dérobant aux Français, était en effet parvenu, après la marche la plus pénible par des sentiers de montagnes, à gagner Potès, centre insurrectionnel de la province de Santander, où il devait se joindre à Porlier, dit le *Marquisito*, qui était à la tête d'une guérilla considérable. Ces deux chefs avaient formé le projet de surprendre Santander et de faire prisonnière la garnison de cette ville.

A la nouvelle de leur marche, le général Bonet, réunissant ses troupes dispersées, détache le colonel Gauthier du 120e avec les 1er et 4e bataillons de son régiment à la poursuite du Marquisito, lequel, avec un parti d'environ deux mille hommes, s'était porté sur Saint-Vincent, petit port de la côte. Lui-même, avec les deux autres bataillons du 120e, ayant un bataillon du 119e en réserve, marchait directement sur Santander.

Le 7 juin, le colonel Gauthier atteint le Marquisito et le défait dans un très vif engagement sur les hauteurs de

Novalès, près de Santillana. Le chef espagnol ne s'en réunit pas moins au général Ballesteros à Torrelavega. Profitant de l'éloignement du général Bonet, ils attaquent Santander le 10 juin au matin et s'en emparent : la garnison parvient à s'ouvrir un passage, ne laissant que trois cents prisonniers.

Mais le général Bonet arrive à Torrelavega et y rallie ses bataillons. Apprenant que Santander est au pouvoir des Espagnols, malgré la fatigue de ses troupes et le manque de pain qui se fait vivement sentir, il se porte rapidement sur cette ville. Tous les postes espagnols sont attaqués à la baïonnette et égorgés par l'avant-garde. A minuit, le colonel Gauthier, avec les 1er et 4e bataillons, entre dans Santander, que l'ennemi occupe avec le régiment *de la Princesse* et celui *d'Hibernia* et des troupes irrégulières au nombre d'environ douze mille hommes. Les Français n'ont pas quatre mille soldats dans le rang. Les Espagnols surpris sont écrasés.

Après deux heures de carnage, le général prescrit au colonel Gauthier de prendre position en dehors de la ville. Les dispositions étant faites, au petit jour il attaque de nouveau la place. Une colonne ennemie de deux mille hommes est obligée de mettre bas les armes. Dès lors les Espagnols ne cherchent plus à soutenir le combat et tentent de s'échapper par toutes les issues. Mais, acculés dans une impasse et resserrés par la mer, ils voient la mort de tous côtés. La lutte dégénère bientôt en une fuite complète. L'ennemi, poursuivi sans relâche, est dispersé, tué ou noyé. Ballesteros parvient à se sauver avec plusieurs officiers supérieurs à l'aide d'une barque. Quant au Marquisito, il réussit à gagner Santona avec les débris de ses partisans.

Cette affaire coûta aux Espagnols cinq mille hommes, dont trois mille prisonniers, parmi lesquels cent cinquante officiers, leurs drapeaux et toute leur artillerie. Santander fut repris, et six cents prisonniers français furent délivrés, indépendamment des trois cents hommes de garnison laissés dans la place et de cinq cents soldats malades.

Nos pertes furent sensibles, quoique non en rapport avec l'importance des résultats obtenus.... Dans ces deux journées, des 10 et 11 juin, le 120e, fatigué et sans pain, ayant à combattre un contre trois, s'était couvert de gloire.

XVI.

Défense de Fuente-Ovejuna (7 septembre 1810).

En 1810, pendant que Masséna usait de toutes les ressources de son génie militaire pour se maintenir en Portugal avec une faible armée qui depuis longtemps, malgré toutes les promesses venues de France, ne recevait plus ni solde, ni équipement, ni munitions, le maréchal Victor éparpillait inutilement ses forces en Andalousie, les exposant ainsi à des surprises continuelles de la part d'un ennemi infatigable et acharné.

En effet, de nombreuses bandes de patriotes espagnols, qui refusaient de se soumettre au gouvernement du roi Joseph Bonaparte, harcelaient sans cesse nos malheureux soldats et ne leur laissaient pas un instant de repos. L'une d'elles, commandée par un chef du nom de La Romana, s'était, au commencement du mois de septembre 1810, avancée jusqu'aux défilés qui dominent l'Andalousie, et était venue occuper Aracena, Santa-Alla, Monasterio et Guadal-Cassal.

Durant son séjour dans cette contrée, La Romana envoya son lieutenant Morillo tenter, avec deux mille hommes, un coup de main sur Fuente-Ovejuna, localité située à soixante kilomètres au nord-ouest de Cordoue, et qui n'était occupée que par une compagnie du 51ᵉ, forte de 96 hommes seulement.

Les insurgés espagnols, connaissant le faible effectif de la garnison, se sentaient assurés du succès. Mais ils avaient compté sans l'héroïsme de cette poignée de braves et l'énergie de leur chef, le capitaine Billot, officier d'une bravoure à toute épreuve, qui leur fit bien chèrement payer leur inévitable victoire. La défense de Fuente-Ovejuna, village non fortifié, par 96 Français contre 2,000 Espagnols, est pour nous un échec aussi glorieux qu'une victoire et demeure l'un des plus beaux faits d'armes ds la guerre d'Espagne.

Le soir même de ce mémorable combat, le corrégidor de Fuente-Ovejuna en rendit compte dans une lettre adressée au général Godinot. C'est de cette lettre du corrégidor que sont tirés les détails qui suivent :

« Le 7 septembre 1810, à cinq heures du matin, Fuente-Ovejuna fut attaqué et cerné par la troupe de Morillo. Après une résistance énergique aux issues du village, les soldats de Billot se retirèrent dans leur quartier — *le deposito* — puis dans l'église, d'où ils firent plusieurs sorties à la baïonnette, et de là dans le clocher.

« Entourés de toutes parts, ces braves, qui soutenaient une lutte inégale depuis treize heures, continuaient à se défendre avec autant de sang-froid que de courage, quoique épuisés de fatigue et manquant de munitions.

« Morillo, désespérant de pouvoir vaincre cette poignée de Français, fit apporter au bas de l'escalier du clocher de vieux matelas et des ballots de laine, auxquels on mit le feu, afin d'étouffer par la fumée ceux qui se défendaient si opiniâtrément. En effet, plusieurs d'entre eux ayant succombé, le capitaine Billot, grièvement blessé lui-même, descendit, avec ce qui lui restait d'hommes, sur le toit de l'église, où il fut forcé de se rendre, après avoir brûlé sa dernière cartouche. Les Espagnols, embusqués dans les maisons environnantes, tuaient ces soldats sans défense. Morillo, rempli d'admiration pour ces héros, fit cesser le feu, et les fit descendre de l'église avec des échelles à incendie : il ne restait plus que cinquante Français, presque tous blessés, qui furent conduits, ainsi que le capitaine Billot, en Portugal, où ils furent délivrés un peu plus tard par le 6e léger. Ils rentrèrent ensuite au régiment.... »

Plus de deux cents insurgés espagnols perdirent la vie à Fuente-Ovejuna. Quant aux blessés, le nombre en fut considérable.

Quarante-cinq Français trouvèrent également la mort dans cette glorieuse défense. Les noms de tous ces héros, aussi bien des quarante-cinq tués que des cinquante qui survécurent, n'ont malheureusement pas été retenus et ne nous ont pas été conservés. Un seul est parvenu jusqu'à nous, celui du fusilier Michaud, dit Gros-Benoît, mort ce jour-là au champ d'honneur ; il mérite bien de figurer en bonne place à côté de son héroïque chef, le brave capitaine Billot.

XVII.

La défense d'Huningue (août 1815).

Louis XVIII venait pour la seconde fois de rentrer à Paris (8 juillet 1815). Napoléon Ier, définitivement vaincu par la coalition des puissances européennes, s'était, à Rochefort, mis à la disposition de l'Angleterre, qui l'avait envoyé à Sainte-Hélène. La France subissait de nouveau, et dans des conditions plus dures que jamais, l'occupation étrangère : un million deux cent quarante mille soldats russes, anglais, prussiens, autrichiens, badois, wurtembergeois, etc., etc., occupaient une grande partie de son territoire, vivant à ses dépens, dévalisant leurs hôtes, rançonnant villes et villages, mettant la main sur les caisses publiques, agissant, en un mot, comme les plus terribles bandes des routiers du moyen âge. Les empereurs de Russie et d'Autriche et le roi de Prusse avec le féroce Blücher demeuraient à Paris, pour fixer définitivement le sort de la France.

La honte eût été complète, sans la résistance désespérée de la plus grande partie de nos places fortes, qui, refusant énergiquement de se rendre, restaient fièrement seules à tenir tête à l'invasion victorieuse en rase campagne. Toutes ces défenses furent héroïques, et la plupart sont demeurées célèbres : celles, par exemple, de Longwy, dont les habitants, réunis à quelques gardes nationaux mobilisés, tinrent trois mois pleins contre un corps entier de l'armée prussienne ; et du château de Vincennes, que le général Daumesnil, malgré les menaces des alliés, conserva de nouveau — comme l'année précédente — intact, ainsi que toute l'artillerie qu'il renfermait.

« Dans les Hautes-Alpes, les paysans du village de Saint-Chaffre s'enfermèrent dans un fort, voisin de Briançon, qui n'avait pas de garnison. Ils laissèrent brûler leur village plutôt que d'évacuer le fort, et ne le rendirent pas. »

Mais aucune de ces vaillantes défenses ne fut plus héroïque que celle d'Huningue. Là, dans cette petite place, se trouvait le général Barbanègre avec seulement cent trente-cinq soldats, lorsque vingt-cinq mille Autrichiens, commandés par l'archiduc Jean, vinrent le sommer de leur livrer la place. Le général français refusa énergiquement, et nos ennemis durent commencer un siège en règle.

Grâce au dévouement absolu de tous les habitants, femmes, enfants et vieillards, le brave Barbanègre put accomplir le prodige de soutenir un siège et de retenir devant Huningue avec sa poignée d'hommes tout le corps d'armée autrichien. Enfin, à la suite d'un bombardement terrible, il arriva un moment où la place ne fut plus qu'un monceau de décombres qu'il devenait impossible de défendre plus longtemps. Toutefois, alors encore, Barbanègre ne consentit à rendre à l'archiduc les ruines d'Huningue et à en sortir qu'avec les honneurs de la guerre ; ce qui lui fut aussitôt accordé.

« Les assiégeants, dit Henri Martin, furent saisis

d'admiration quand ils virent le général français sortir (le 27 août) à la tête de cinquante hommes : c'était ce qui lui restait de soldats. Ils avaient tenu tête, pendant douze jours de bombardement, à cent trente bouches à feu. »

On dit même que l'archiduc Jean, surpris du petit nombre de soldats qui sortaient d'Huningue, ayant demandé à Barbanègre où était la garnison, et celui-ci lui ayant répondu fièrement : *La voilà!* s'avança vers le héros et l'embrassa en présence de son armée.

Celle-ci partagea d'ailleurs l'admiration de son chef. Tous les officiers autrichiens saluèrent avec émotion les défenseurs d'Huningue.

Cette scène glorieuse a inspiré à l'un de nos meilleurs peintres, M. Detaille, un remarquable tableau qui faisait l'admiration des visiteurs du Salon de peinture de 1892. Inspiré par ce sujet héroïque, M. Detaille a produit là l'une des plus belles œuvres de la peinture moderne.

Le baron Joseph Barbanègre, général de brigade, était coutumier de pareils actes d'héroïsme. Déjà deux ans auparavant, en 1813, lorsque Napoléon dut abandonner en Allemagne les lignes de l'Oder et de la Vistule, il s'était enfermé dans Stettin et n'avait rendu cette ville aux Prussiens qu'après l'abdication de Fontainebleau, en 1814.

Ajoutons que sa valeureuse conduite comme colonel du 48e de ligne, à la tête duquel il s'était particulièrement distingué aux batailles d'Austerlitz, d'Iéna et d'Eylau, avait valu à Barbanègre, en 1809, d'être placé comme général sous les ordres de Davoust. Pendant cette campagne de 1809, il se fit remarquer par sa bravoure à Eckmühl, à Ratisbonne et à Wagram. Mais ce fut surtout durant la retraite de Russie que son audacieuse intrépidité comme général lui attira une admiration méritée : en effet, sa brigade s'y couvrit de gloire, notamment à Krasnoï et au passage du Niémen.

Joseph Barbanègre, fait baron par l'Empire, était né à Pontacq, dans les Basses-Pyrénées, en 1772, et était entré au service en 1793. Il mourut à Paris en 1830.

XVIII.

Défense de Mazagran (2-5 février 1840).

La défense héroïque de Mazagran par cent vingt-trois Français contre près de vingt mille Arabes fut peut-être de tous les faits de guerre de la conquête de l'Algérie celui qui eut en France le plus grand retentissement. C'était d'ailleurs justice ; car en nulle autre rencontre il ne fut déployé plus d'héroïsme que pendant les quatre jours que dura la défense de cette petite citadelle voisine de Mostaganem.

« On se battit quatre jours et quatre nuits, racontait un Arabe témoin de ce beau fait d'armes. C'étaient quatre

grands jours, car ils ne commençaient pas et ne finis-
saient pas au son du tambour ; c'étaient des jours noirs,
car la fumée de la poudre obscurcissait les rayons du
soleil ; et les nuits étaient des nuits de feu éclairées par
les flammes des bivouacs et par celles des amorces. »

Donc, à Mazagran, un petit fort élevé à la hâte par les
Français était occupé par la 10ᵉ compagnie du bataillon
d'Afrique, commandée par le capitaine Lelièvre et forte
en tout de cent vingt-trois hommes. Une pièce de 4, quarante mille cartouches et un baril de poudre composaient
tout le matériel de guerre de la place.

Dès le 1ᵉʳ février, les éclaireurs de l'ennemi se montrèrent en vue de Mazagran ; mais celui-ci n'arriva en
masse que le lendemain. C'était bien en effet une masse
d'Arabes composée « des contingents de quatre-vingt-
deux tribus, formant ensemble douze à quinze mille
hommes. Mustapha-ben-Tchamy, khalife de Mascara,
marchait à la tête de cette masse aussi confuse que
barbare, qu'appuyaient deux pièces de canon et un
bataillon d'infanterie régulière de l'émir (Abd-el-Kader). »

L'attaque de la chétive fortification commença le
2 février 1840 par le feu de l'artillerie arabe placée à

cinq cents mètres. Puis les Arabes vinrent planter quatorze de leurs étendards au pied des murs en terre de la forteresse, et, aussitôt après, ils se précipitèrent à l'assaut avec une fureur fanatique. Pendant quatre jours et quatre nuits, l'héroïsme de la défense fut égale à la fureur de l'attaque, et tous les assauts furent repoussés.

Vingt mille cartouches — la moitié de l'approvisionnement — avaient été brûlées dès la première journée. Afin de ménager le reste pour pouvoir prolonger la résistance, le capitaine Lelièvre ordonna de se borner à se servir de la baïonnette pour repousser les assaillants. Ainsi fut fait, et les coups de feu furent désormais réservés pour achever et accentuer la déroute des assaillants, chaque fois qu'ils étaient contraints de s'éloigner momentanément de l'enceinte du fortin.

Pendant ces quatre longues et glorieuses journées, plusieurs fois le drapeau de la redoute eut sa hampe brisée par les balles ennemies : chaque fois il fut relevé et fièrement redressé, et il flottait toujours bravement à son poste — noir de poudre et déchiqueté par les balles — lorsque arriva au secours de Mazagran le renfort envoyé de Mostaganem par le chef de bataillon

Dubarrail. Les Arabes seuls, honteux et confus, avaient disparu : ils avaient déjà été contraints de lever le siège et s'étaient retirés devant la seule petite et héroïque troupe des défenseurs de Mazagran ; les nouveaux arrivants n'eurent qu'à constater leur triomphe.

Outre le capitaine Lelièvre, officier doué d'un rare courage et d'un sang-froid à toute épreuve, ceux qui se distinguèrent le plus durant ces quatre journées et qui le secondèrent le plus dignement furent l'intrépide lieutenant Magnien, qui n'abandonnait la brèche que pour porter secours aux blessés ; le sous-lieutenant Durand ; et enfin les sergents Villemot et Giroux, qui se multiplièrent en quelque sorte pour se trouver partout en aide à leurs frères d'armes. Ce furent là les plus héroïques de tous ces héros, car, nous le répétons, tous, du premier au dernier, firent vaillamment leur devoir, et les noms de tous mériteraient d'être retenus et cités parmi les plus glorieux de nos fastes militaires : les deux passages suivants, extraits du rapport du capitaine Lelièvre sur cette affaire, en font foi :

« Le 3, dit-il, un peu avant la pointe du jour, je fis placer quinze hommes au-dessus de la porte pour la défendre, sous les ordres de M. le sous-lieutenant Durand. Avant de l'enfermer dans ce faible réduit, je lui serrai la main en lui disant : « Adieu ! il est probable « que nous ne nous reverrons plus, car vous et vos « hommes devez mourir en défendant ce poste. » M. Durand et ses hommes s'écrièrent : « Nous le « jurons ! »

Puis, dans la soirée du 4, le capitaine Lelièvre, voyant que ses munitions allaient être épuisées, réunit toute sa petite troupe et lui adresse cette courte mais énergique allocution, rappelée par lui dans son rapport :

« Nous avons encore un tonneau de poudre presque entier et douze mille cartouches ; nous nous défendrons jusqu'à ce qu'il ne nous en reste plus que douze ou quinze ; puis nous entrerons dans la poudrière pour y mettre le feu, heureux de mourir pour notre pays. Vive la France ! Vive le roi ! »

La 10ᵉ compagnie tout entière s'associa à cette héroïque résolution du capitaine en répétant après lui : « Vive la France ! Vive le roi ! »

XIX.

Sidi-Brahim (22-26 septembre 1845).

L'initiative prise, au mois de septembre 1890, par le conseil municipal d'Oran d'élever sur l'une des places de cette ville un monument destiné à perpétuer le souvenir des héros du marabout de Sidi-Brahim, a remis en mémoire tous les épisodes de ce glorieux désastre subi par une poignée d'hommes en septembre 1845. Des quatre cent douze hommes imprudemment exposés dans cette affaire par le lieutenant-colonel de Montagnac, douze seulement rentrèrent dans leur garnison de Djemma (aujourd'hui Nemours). Un seul de ces héroïques survivants — le caporal Lavaissière — avait conservé son fusil : il fut décoré de la Légion d'honneur quelque temps après.

Dans les derniers jours du mois de septembre, l'émir Abd-el-Kader avait franchi la frontière du Maroc et se trouvait avec des forces considérables dans les environs de Djemma, dont la petite garnison était commandée par le lieutenant-colonel de Montagnac.

Celui-ci, trompé par un traître sur l'effectif réel des forces de l'émir, résolut de prévenir l'attaque de l'ennemi et de se porter vivement au-devant d'Abd-el-Kader. Il partit le 21 septembre avec soixante-deux hussards et trois cent cinquante chasseurs à pied. Après avoir marché toute la nuit, le colonel de Montagnac laisse une compagnie de chasseurs à la garde des bagages sur un plateau découvert couronné par le marabout de Sidi-Brahim, et lance ses hussards et le reste des chasseurs à l'attaque de quelques cavaliers indigènes que l'on apercevait dans la plaine. Ces derniers n'attendent pas les nôtres : ils tournent bride, entraînant après eux nos soldats acharnés à leur poursuite.

Mais bientôt la scène change. Les Arabes font volte-face, et de tous les ravins surgissent comme par enchan-

ABD-EL-KADER.

tement des milliers d'Arabes qui entourent vivement la petite troupe de Français. La retraite était devenue impossible pour les nôtres, qui ne purent que mourir glorieusement sous les coups de leurs innombrables ennemis. Là, sur les bords de l'Oued-Saouli, périrent successivement le chef d'escadron Courby de Cognord, le capitaine Gentil, le lieutenant-colonel de Montagnac, le commandant Froment-Coste. Pendant trois heures, nos soldats formés en carré soutinrent désespérément et repoussèrent vaillamment les charges des cavaliers arabes : selon l'expression d'un témoin oculaire, ils tombaient sous le feu de l'ennemi *comme les pierres d'un mur*. Mais le carré se rétrécissait à vue d'œil, et bientôt, hélas ! tous ces braves soldats eurent succombé dans cette lutte inégale.

Des quatre cent douze hommes partis la veille de Djemma, il ne restait de valides que les quatre-vingt-trois chasseurs à pied laissés en arrière au marabout de Sidi-Brahim, sous le commandement du capitaine de Géraux. Les Arabes ne tardèrent pas à venir en foule les y attaquer.

Un premier assaut est repoussé par cette poignée de héros qui se défendent énergiquement et fortifient le mieux qu'ils peuvent le fortin de rencontre où ils se trouvent. Sommés alors de se rendre par Abd-el-Kader, qui leur promet la vie sauve, ces vaillants refusent au cri de.: *Vive la France!* et arborent un drapeau tricolore improvisé avec deux mouchoirs et une ceinture.

L'attaque recommence aussitôt furieuse : elle est encore repoussée....

« Ici se place un épisode admirable, la page sublime de cette épopée. A travers la fumée qui entourait le marabout, les assiégeants et les assiégés virent tout à coup s'avancer un prisonnier blessé, qui marchait entre deux réguliers de l'émir, tenant chacun le yatagan au poing. Ils reconnaissent le capitaine Dutertre (qui venait d'être fait prisonnier par les Arabes).

« — Mes amis, s'écrie-t-il quand il est à portée de la voix, je suis menacé d'être décapité, si je ne parviens pas à vous persuader de mettre bas les armes, et je viens vous dire de ne pas vous rendre : résistez jusqu'à la mort. Vive la France !

« Ramené au camp d'Abd-el-Kader, le capitaine Dutertre fut aussitôt massacré. Son nom doit être pieusement recueilli par notre histoire militaire ; car, même dans les légendes héroïques de Rome et de la Grèce antique, il n'est pas d'exemple d'un plus sublime dévouement. »

Dès le lendemain matin, l'émir fit de nouveau attaquer le marabout par un millier d'hommes de son infanterie régulière. Cette attaque fut repoussée comme les autres. Alors, désespérant d'emporter la position d'assaut, Abd-el-Kader fait camper ses hommes tout autour de Sidi-Brahim hors de la portée des fusils français et se borne à établir un rigoureux blocus, dans l'espoir que la faim lui livrera les héroïques survivants.

Trois jours se passèrent ainsi pour les nôtres, sans vivres, sans eau, sous le ciel embrasé, dans les tortures de la faim et de la soif....

A la fin, « n'y tenant plus et préférant mourir en rase campagne, la petite garnison, réduite à soixante-dix hommes et emportant ses dix blessés, sort tout à coup, le capitaine de Géraux en tête, et, par une charge irrésistible, fait une trouée à la baïonnette dans la ligne d'investissement. Tant d'audace frappe de stupeur les Arabes, qui se bornent à suivre à distance la compagnie, qu'ils savent armée de carabines à longue portée. »

Déjà la petite colonne approchait de Djemma, déjà elle semblait sauvée.... Hélas ! les tortures de la soif furent la cause de sa ruine. En effet, en apercevant un ruisselet au fond d'un ravin, ils ne purent résister au besoin de se désaltérer et se précipitèrent vers le filet d'eau. En les voyant ainsi dispersés sur les bords du torrent, les cavaliers arabes qui les suivaient à distance reprirent courage et fondirent sur eux. Ce fut un massacre général. Le capitaine de Géraux et le lieutenant Chappedaine, impuissants à rassembler leurs hommes, tombèrent des premiers.

« Douze chasseurs seulement rentrèrent à Djemma le 26 septembre ; et de ces douze hommes, un seul, le caporal Lavayssière, qui fut décoré de la Légion d'honneur quelque temps après, rapportait sa carabine....

« La résistance acharnée des Français dans cette lutte disproportionnée, leur mépris de la mort, frappèrent leurs adversaires d'une admiration confuse, où il y avait une vague perception de l'inutilité de la lutte contre une nation qui possédait de tels soldats. C'est pourquoi le sang des héros de Sidi-Brahim n'a pas coulé en vain ; c'est pourquoi la France leur doit doublement le monument que la municipalité oranaise se propose d'élever à leur mémoire. »

Outre la croix de la Légion d'honneur, le caporal Lavayssière, peu après son retour à Djemma, reçut du duc d'Aumale une carabine avec cette inscription : *Donnée par le prince royal au caporal Lavayssière.*

Lorsque le conseil municipal d'Oran prit la patriotique délibération en vertu de laquelle un monument sera élevé, sur l'une de ses places publiques, en l'honneur des glorieux combattants de Sidi-Brahim, le caporal Lavayssière — *le héros de Sidi-Brahim*, comme on l'avait surnommé — existait encore. On espérait le voir assister à l'inauguration du monument projeté. Le vieux brave ne pourra pas, hélas ! être présent à son triomphe et à celui de ses compagnons d'armes, car il est mort au commencement de juillet 1892, à Castelfranc, à l'âge de soixante-douze ans.

Retraité avec le grade de sergent, Lavayssière, pendant les dernières années de sa vie, remplissait les fonctions de bedeau dans la petite église de sa commune natale. Son ancien régiment lui servait d'ailleurs une rente viagère.

XX.

Le 3e de zouaves à Sébastopol (1855).

On sait la part glorieuse que les zouaves prirent à la
bataille d'Inkermann le 5 novembre 1854. Lancés au
secours des Anglais, qui allaient être écrasés par les
Russes, ils dégagèrent nos alliés en se précipitant tête
baissée au milieu de l'ennemi et décidèrent de la
victoire.

Leur héroïsme ne se démentit d'ailleurs point un seul
instant pendant toute la guerre de Crimée, aussi bien
dans les divers combats livrés autour des tranchées de
Sébastopol que dans les batailles auxquelles ils assis-

tèrent et aux assauts où ils s'élançaient toujours les premiers. Voici, entre autres, quelques exploits du 3e de zouaves autour de Sébastopol :

« Le 10 mars 1855, raconte M. le lieutenant Duroy dans l'*Historique* de ce valeureux régiment (1), le général en chef décide que, le soir même, trois embuscades russes, qui gênaient les travaux d'approche, seraient enlevées par une compagnie de zouaves. La 6e compagnie du 1er bataillon, capitaine Lalanne, désignée pour cette opération, est partagée en trois sections, placées sous les ordres du capitaine Lalanne, du lieutenant Turc, et du sous-lieutenant Lamy. A l'heure fixée, elle sort des tranchées et marche en silence sur les embuscades. Un feu très vif s'engage aussitôt entre les assaillants et les Russes. Très supérieurs en nombre, ceux-ci obligent le commandant Du Moulin à appuyer le mouvement de la 6e compagnie avec trois nouvelles compagnies du bataillon. Après une heure d'un vigoureux combat, il est forcé de se replier devant six bataillons russes descendus du Mamelon Vert, et de

------

(1) Henri-Charles Lavauzelle, éditeur.

regagner ses tranchées, où l'ennemi n'ose le poursuivre, malgré son énorme supériorité numérique. »

Dans ce combat de nuit l'ennemi laissa sur le champ de bataille le quart de son effectif, et les zouaves eurent neuf officiers et cent deux hommes hors de combat. A cette affaire le sergent Grégoire gagna par son intrépidité la croix de la Légion d'honneur.

Les trois embuscades russes en question furent enlevées par ces mêmes zouaves dans la nuit du 21 au 22 mars.

Mais, furieux de cet échec, dix mille Russes vinrent, la nuit suivante, attaquer la tranchée où se trouvaient les zouaves. Malgré leur infériorité numérique, ceux-ci se défendirent vigoureusement et tinrent les Russes en échec jusqu'à l'arrivée des renforts qui les aidèrent à les repousser définitivement. Là, dans cette furieuse lutte de nuit, périrent glorieusement le commandant Basson et son adjudant-major Letors de Crécy ; là gagnèrent la croix le sergent Gavillot, les caporaux Ontier et Lediot, et les zouaves Vincent et Pilet ; là eut lieu un acte d'héroïsme du capitaine Brincourt, qui lui valut la croix d'officier de la Légion d'honneur.

Le 3e de zouaves à Sébastopol.

La tranchée, défendue par le capitaine Brincourt, venait d'être envahie par des forces considérables. Déjà blessé d'un coup de feu, de cinq coups de baïonnette à la tête, de six à l'épaule et au flanc, l'officier français est sommé de se rendre. « Sur son refus énergique, il tombe frappé d'un dernier coup d'épée à la poitrine, lorsque les zouaves accourent, le délivrent et l'emportent presque mourant. »

Lorsque, au mois de juin suivant, le général Pélissier, nommé au commandement en chef de l'armée, décida de donner l'assaut à la redoute du Mamelon Vert et aux ouvrages blancs, le 3e de zouaves fut l'un des premiers régiments désignés pour y prendre part. Sous le commandement du colonel de Polhès, ces intrépides soldats se lancèrent en avant avec un élan irrésistible, abordèrent résolument la redoute, se jetèrent dans le fossé, escaladèrent le parapet et clouèrent sur leurs pièces les canonniers russes. En un instant le drapeau français flotta sur la redoute russe. Le Mamelon Vert était à nous.

XXI.

Les tirailleurs algériens à Malakoff (8 septembre 1855).

Le 8 septembre 1855, en face de la tour Malakoff, à midi précis, l'artillerie française cesse tout à coup son feu, et un immense cri : *En avant !* retentit sur toute la ligne. Le 1ᵉʳ de zouaves s'élance en tête de la colonne d'assaut, bientôt suivi et soutenu par le 7ᵉ de ligne, le 3ᵉ de zouaves, les tirailleurs algériens, les 50ᵉ, 7ᵉ, 20ᵉ et 27ᵉ de ligne.

Les Russes ne cédèrent le terrain que pied à pied ; cependant, vers deux heures, l'ardeur de nos soldats les avait contraints à évacuer presque complètement le fort. A ce moment, les tirailleurs algériens s'étaient établis à la gorge de Malakoff, prêts à repousser toute tentative de retour offensif de la part des Russes.

Ceux-ci, en effet, ne voulaient pas se reconnaître vaincus : ils revinrent bientôt en masse, sous le commandement des généraux Lisenko et Kroulef, pour tenter une dernière fois de nous reprendre Malakoff. Ce furent les tirailleurs algériens qui supportèrent presque seuls le poids de cette nouvelle attaque.

Le moment fut critique pour ces vaillants soldats, mais ils firent résolument face au péril.

« Il fallait à tout prix empêcher l'ennemi de reprendre pied dans Malakoff, raconte M. le lieutenant L. Darier-Châtelain, dans l'*Historique,* fort intéressant et complet, *du 3ᵉ tirailleurs algériens* (1). Le général Frossard venait d'arriver avec quelques sapeurs du génie et cherchait à obstruer, sinon à fermer, l'étroit passage devant lequel étaient rangés nos héroïques algériens. Mais ces premiers travailleurs tombent les uns après les autres, et les Russes s'avancent, se rapprochent, et regagnent insensi-

---

(1) Georges Heim, éditeur à Constantine.

blement le terrain qu'ils ont perdu ; ils sont là, la baïonnette basse, calmes, résolus, menaçants. Entraînés par
l'exemple du lieutenant-colonel Roques, qui porte lui-
même un gabion, les tirailleurs se mettent à l'œuvre ;
parmi les corps amoncelés, ils jettent pêle-mêle des
gabions, des fascines, des débris de toute sorte, et une
barrière informe s'oppose bientôt aux efforts des assaillants.

« Pendant ce temps, la lutte continue, ardente, opiniâtre, acharnée. Une mêlée terrible s'engage sur ce
parapet improvisé ; les baïonnettes, tordues, brisées, ne
peuvent plus servir : c'est à coups de crosse, à coups
de pierres qu'on attaque et qu'on se défend. Russes et
turcos sont confondus ; aux hourras des premiers se
mêle le cri rauque des seconds ; on s'invective, on s'in-
sulte, on se provoque, on se défie, on se saisit, on
s'étreint, et ce tourbillon humain roule, tourne, piétine
sur des cadavres, sur des blessés, dans une boue sanglante ; et le canon tonne au loin, des obus viennent
soudain fouiller ces décombres, et deci, delà, c'est
l'explosion d'une fougasse, d'une mine, qui couvre tout
à coup cette scène d'un nuage sombre et laisse dans la

terre un trou large et béant : instant sublime, où des deux côtés chaque combattant devient un héros.

« Comment citer les noms de tous ceux qui, dans cette lutte infernale, furent admirables de sang-froid et d'intrépidité ? Qui a vu tous les actes glorieux dont cette étroite arène fut le théâtre ? Que d'héroïques actions ont dû rester ignorées ! Que d'autres sans doute ont dû servir de sujet à ces récits mouvementés que l'Arabe aime tant à faire, le soir, sous la tente, sans qu'aucune plume n'ait été là pour les recueillir !...

« Victime de son dévouement, le lieutenant-colonel Roques tombe l'un des premiers, la tête fracassée par un éclat d'obus. Un peu après, c'est le tour du capitaine Bonnemain. Ce dernier est atteint par une bombe, qui va en sifflant labourer le sol. Elle n'a pas éclaté ; le blessé la suit des yeux avec une mortelle angoisse. Il ne peut fuir. Mais le sergent Mohamed-el-Hadj-Kadour a deviné le péril de son capitaine ; il se précipite sur le projectile, le saisit, l'enlève contre sa poitrine, et court vers une traverse blindée derrière laquelle il pense le jeter. Il n'a pas fait deux pas, que la bombe éclate, lui emporte les deux bras, lui laboure la poitrine, et, semant ses éclats de tous côtés, va achever le capitaine Bonnemain.

« Plus loin, c'est le lieutenant de Boyne qui se signale par une rare énergie. Entouré d'ennemis, il refuse de se rendre ; il attend ses adversaires de pied ferme, tire sur eux les six coups du revolver dont il est armé, et parvient ainsi à se dégager, sans avoir, par le plus miraculeux des hasards, reçu une seule blessure.... »

Enfin, à cinq heures du soir, les Russes se décidèrent à une retraite définitive, et le drapeau français flotta victorieusement sur Malakoff.

XXII.

Le 2ᶜ de zouaves au Mexique (1862-1865).

Le 2ᶜ de zouaves fut le premier régiment français arrivé au Mexique lors de cette malheureuse expédition entreprise par l'empereur Napoléon III ; il débarqua à la Vera-Cruz le 7 janvier 1862. Là, comme partout, les zouaves furent héroïques et payèrent presque constamment de leur personne.

A la première attaque de Puebla, ils se firent remarquer par un élan et une audace qui eussent « assuré le succès, si le succès avait été possible. » Ils le prouvèrent victorieusement quelques mois plus tard, à notre retour offensif contre cette même ville de Puebla, dans l'assaut du 29 mars 1863, en vengeant par un triomphe éclatant leur premier insuccès.

« L'élan, dans cette journée, est admirable, raconte M. le sous-lieutenant Gueydon de Dives dans son *Historique du 2e régiment dc zouaves*. Parmi ceux qui se distinguent particulièrement, il faut citer : le capitaine Escourron, qui, déjà blessé, est allé se faire tuer au milieu des groupes ennemis ; le capitaine Costes, qui a dirigé avec une froide intrépidité l'attaque et la défense ; le sergent Fontaine, qui, blessé, a continué à combattre jusqu'à ce qu'une autre blessure l'ait fait tomber ; le sergent Dousseau, chevalier de la Légion d'honneur, qui, libéré depuis l'avant-veille et devant partir le même jour pour s'embarquer à la Vera-Cruz, obtient la faveur de marcher avec sa compagnie, et, après l'affaire, rentre au camp, ayant sa veste et son gilet couverts du sang d'un officier mexicain qu'il avait traversé d'un coup de baïonnette ; le caporal Durand, arrivé des premiers dans une batterie qu'il a fait retourner par ses zouaves et où il s'est employé comme servant ; le zouave Lauet, qui a montré autant de générosité que de courage en prenant vivant un colonel mexicain qui venait de lui porter un coup de sabre à la tête ; le caporal Tessieux et le zouave Thirion, qui ont pris chacun un fanion appartenant au 20e de ligne ennemi. Ces deux trophées sont aujourd'hui aux Invalides....

« Dans la guerre des rues qui succède à l'enlèvement du pénitencier, le régiment reste chargé de tous les services pénibles ; il fait partie d'une colonne dirigée contre l'armée de secours de Comonfort et détache quelques-uns de ses soldats à la section d'éclaireurs volontaires. Sous les ordres du sous-lieutenant Dromzée, ces éclaireurs sont envoyés, la nuit, en sentinelles avancées ou en petits postes pour garder la gauche un peu exposée : c'est ainsi qu'un matin le sous-lieutenant Dromzée se dispose à rentrer de la Garita del Pulque au camp, lorsqu'il est assailli par des cavaliers en arrière desquels s'avancent deux escadrons ; ses quatorze éclaireurs se rallient autour de lui et exécutent des feux de peloton ; les cavaliers les chargent et les entourent. « Ne tirez « qu'à bout portant, » s'écrie M. Dromzée. Le chef de la cavalerie ennemie se précipite en avant en criant : *Bas les armes* ! Il est tué d'un coup de baïonnette ; vingt de ses cavaliers périssent de la même façon, dix autres tombent sous le feu ; le reste, qu'on peut évaluer à deux cents cavaliers au moins, tourne bride et s'enfuit devant les quatorze volontaires, que deux coups à mitraille tirés par l'ennemi empêchent de ramasser les armes de leurs adversaires. »

Laissons maintenant la parole au maréchal commandant en chef l'expédition du Mexique, qui, au moment du retour en France du 2e de zouaves, disait à ces valeureux soldats dans l'ordre général par lequel il leur adressait ses adieux :

« Après la prise de Puebla, après notre entrée triomphale à Mexico, le 2e de zouaves commence cette campagne de l'intérieur qui doit le conduire jusqu'aux extrémités du vaste empire du Mexique. Le 19 novembre il entre à Queretaro, le 22 décembre à Zamora, le 1er janvier à Urnapan, le 12 mars à Zacatécas. C'est à ce brave régiment, c'est à ses infatigables zouaves, qu'est due la pacification de cet Etat. Le 8 mai, il s'empare de la position de la ville de Pinos ; le 22 mai, une de ses compagnies prend part au combat de Valparaiso ; le 10 juin, une poignée de ses zouaves, retranchés dans le corral San Cosme, résiste à des forces décuples et force l'ennemi à la retraite.

« Mais la bonne étoile du 2e de zouaves lui réservait, comme dernière faveur, un de ces triomphes dont l'éclat ne cède en rien aux plus brillants faits d'armes de nos fastes militaires. Le 21 septembre, au Cerro de Majoma, cinq compagnies se trouvent en présence de l'armée d'Ortega, composée de plus de cinq mille hommes et établie sur une forte position protégée par vingt pièces de canon. Voir l'ennemi, l'attaquer, le débusquer de ses positions et le chasser loin du champ de bataille, fut l'affaire d'un instant. Les trophées les plus enviables, canons, drapeaux, restaient entre les mains des zouaves. Le colonel Martin, récemment nommé au 62e de ligne, les commandait encore à cette brillante affaire ; c'est là qu'il trouva cette mort glorieuse qui devait finir une glorieuse carrière. »

Le combat du Cerro de Majoma fut en effet l'un des plus brillants et des plus extraordinaires triomphes de toute la campagne du Mexique. « Pour gagner une victoire aussi étonnante, où nos soldats étaient un contre dix, il faut que tous ceux qui ont combattu se soient surpassés eux-mêmes. » Tel était le début de l'ordre général n° 68 adressé aux troupes à la suite de cette affaire, et les termes n'en étaient point exagérés.

Chacun s'était en effet surpassé ce jour-là, depuis le colonel, qui trouva à Cerro de Majoma une mort glorieuse, jusqu'au dernier des simples soldats. C'étaient, par exemple (nous citons au hasard), le lieutenant Brissaud, qui, la poitrine traversée, demeura quand même trois quarts d'heure à la tête de sa compagnie ; le lieutenant Pierron, qui, après avoir eu son cheval tué sous lui, et blessé lui-même au genou, se fit replacer sur un autre cheval, sur lequel il resta jusqu'à la fin du combat ; le sous-lieutenant Villaret, qui, arrivé le premier sur les pièces ennemies, se saisit d'un écouvillon et, grâce à sa haute taille, s'en servit avec tant d'adresse et de vigueur, que les Mexicains se mirent à genoux devant lui, au lieu de se défendre. C'étaient encore le zouave Ragnès et le clairon Poisson, qui s'emparèrent chacun d'un fanion ennemi ; enfin le caporal Espiller et le zouave Ledroit, qui furent blessés, le premier de six et le second de onze coups de lance.

XXIII

**Deux glorieux faits d'armes des tirailleurs algériens
(1863 et 1864).**

Les deux faits d'armes en question furent accomplis par nos braves turcos bien loin de la France et de l'Algérie, et dans des contrées fort différentes l'une de l'autre. Le premier eut lieu en Cochinchine et le second au Mexique.

En 1863, une insurrection générale avait éclaté contre nous dans notre nouvelle colonie de la Cochinchine. Le Tien-Hô (chef des nombreux rebelles qui se tenaient dans la région à l'est de Mytho) espérait avoir facilement raison de la petite poignée de soldats français chargés de le combattre. On va voir qu'il se trompait.

En effet, « le 5 février 1863, raconte M. le lieutenant L. Darier-Châtelain dans le remarquable travail qu'il a consacré au 3ᶜ tirailleurs algériens (1), une petite colonne, dans laquelle se trouvaient les lieutenants Ceccaldi et Mohamed-ben-Toudji, cinquante tirailleurs de la 2ᵉ compagnie et vingt fusiliers marins commandés par l'enseigne Barrué, fut placée sous les ordres du capitaine Galland, et, le même jour, quitta Mytho pour se rendre à Long-Hoï, où elle fut rejointe par le sous-lieutenant Oriot avec vingt hommes tirés du poste de Kien-An-Phu. Le convoi ayant été laissé à la garde de ce dernier détachement, elle repartit dans la nuit, et avant le lever du soleil atteignit Long-Dinh, où l'on croyait surprendre le Tien-Hô ; mais ce dernier, qu'on avait signalé la veille, avait déjà quitté ce village, et ce ne fut que vers le milieu de la journée que des renseignements firent connaître qu'il s'était retiré dans les fortifications de Ni-Bing.

---

(1) *Historique du 3ᵉ régiment de tirailleurs algériens.* Constantine, Georges Heim, éditeur.

« Dès qu'il put être fixé sur la position réelle de l'ennemi, le capitaine Galland fit reprendre les armes et se porta sur ce point, où il arriva à quatre heures et demie. Il y trouva, en effet, les rebelles formés en bataille, mais couverts par des palissades en bambous, par des retranchements armés d'une dizaine de pierriers, et par un marais, heureusement peu profond, s'étendant sur une longueur de près d'un kilomètre et protégeant tout le front de la ligne fortifiée. Sur toute cette ligne, des drapeaux de toutes les couleurs flottaient orgueilleusement, pendant qu'au centre deux grands parasols déployés indiquaient à tous la présence du Tien-Hô et le point d'où devaient partir les signaux pendant le combat.

« Malgré la situation désavantageuse où le plaçait cette disposition du terrain et l'énorme infériorité de sa petite troupe, dont l'effectif ne s'élevait pas à plus de soixante-dix hommes, lorsque les Annamites étaient au moins sept à huit cents, le capitaine Galland n'hésita pas à attaquer. Ayant disposé ses tirailleurs et ses fusiliers marins sur cinq rangs successifs, avec des intervalles de deux pas entre les hommes de chaque rang, il s'élança à leur tête, et se jeta résolument dans le marais, qui fut rapidement franchi. Arrivé à deux cents mètres, il fit mettre la baïonnette au canon et sonner la charge.

« Au même moment, l'ennemi, qui jusque-là n'avait pas tiré un coup de fusil, ouvrit le feu de ses pierriers, dont les projectiles allèrent se perdre dans l'eau. Mais nos soldats, que cette décharge n'avait pu arrêter, avaient parcouru en quelques bonds le court espace qui les séparait des retranchements et pénétraient déjà dans ces derniers, où une panique indescriptible se produisit aussitôt. Les Annamites, frappés de stupeur devant cette audace dépassant tout ce dont ils croyaient capables de simples mortels, fuyaient terrifiés, bravement guidés dans ce mouvement précipité par leurs chefs, dont la seule préoccupation était, pour le moment, de mettre une distance respectable entre nos balles et leur auguste personne. Un pierrier restait entre nos mains ; sa prise était due au caporal Ali-ben-Rebah, de la 2ᵉ compagnie, qui avait tué l'un des porteurs et s'était jeté sur les autres, qui avaient aussitôt, pour fuir avec plus de rapidité, abandonné la pièce confiée à leurs soins. »

L'année suivante, c'est au Mexique que se signalent

nos héroïques turcos par leur habituel courage et leur extraordinaire audace. Nous étions alors au mois d'avril, en pleine lutte contre les innombrables bandes de guérilleros organisées et commandées par Guerrero, un chef courageux et redouté dans tout le pays.

Par deux fois déjà, les 23 et 26 avril, des détachements de turcos venaient d'infliger de dures leçons aux guérilleros : le 23, le capitaine de Vaugnion, avec soixante tirailleurs montés, avaient surpris à Cuyutlan une bande de cent ennemis et l'avait dispersée en un clin d'œil en lui tuant vingt-cinq hommes. Trois jours après, le 26, le capitaine Testard, à son tour, à la tête de douze tirailleurs à pied et de vingt montés, était tombé à l'improviste sur les guérilleros à Cruz-Vieja, leur avait tué douze hommes et enlevé quatorze chevaux.

Ces deux vigoureuses leçons, dit M. le lieutenant L. Darier-Châtelain, à qui nous empruntons encore ce qui suit, n'avaient cependant point suffi aux bandes de Guerrero, qui étaient revenues occuper Cuyutlan, et avaient commis plusieurs exactions sur les habitants qui nous avaient accueillis. Maintenant les bandits se tenaient sur leurs gardes et surveillaient nos moindres mouvements, prêts à fuir au moindre signal. Mais rien de suspect ne paraissait du côté de la Conception (où étaient cantonnés les Français) ; seuls, le 27, de bonne heure, quelques bouviers mexicains en arrivèrent avec des chariots chargés de paille, qu'ils arrêtèrent sur la place Ils n'avaient rien vu ; selon eux, les Français devaient se reposer de leurs expéditions des jours précédents.

Tout à coup la paille de ces même chariots s'agita : des têtes, puis des bras, puis des hommes, puis des armes en émergèrent subitement, et une cinquantaine de tirailleurs, sous les ordres du capitaine de Vaugnion, se précipitèrent dans le village à la chasse des guérilleros imprudents, qui n'avaient pas, dans cette circonstance, imité la circonspection du vieux rat de la fable ; surpris, traqués poursuivis sans répit, ces derniers eurent cinq tués et un grand nombre de blessés. Ils laissèrent entre nos mains cinq prisonniers, dont deux chefs, des chevaux, des armes, des munitions, et se dispersèrent dans la campagne, se promettant bien cette fois de choisir une autre région pour théâtre de leurs exploits.

La ruse du capitaine de Vaugnion avait été couronnée du plus brillant succès. Ce hardi coup de main, préparé d'une façon si extraordinaire, presque invraisemblable, fit le plus grand honneur aux tirailleurs, qui, en saisissant parfaitement la pensée de leur chef, surent apporter dans son exécution l'audace et la prudence qui seules font réussir de semblables opérations.

A la suite de ces trois affaires, le capitaine de Vaugnion et le sergent Lesbros furent cités à l'ordre de l'armée.

XXIV.

Combat de Penjano (17 avril 1866).

Cet héroïque fait d'armes a eu le Mexique pour théâtre ; quelques vaillants soldats du 51ᵉ de ligne, provisoirement détachés du régiment, en furent les héros.

On sait que pour combattre efficacement les guérillas mexicaines, c'est-à-dire les bandes de partisans décidés à ne pas supporter l'influence française dans leur pays, guérillas qui se transportaient rapidement d'un point à un autre et ne cessaient de harceler nos troupes et de gêner nos communications, nous dûmes détacher de certains régiments des hommes intrépides et résolus, et former avec eux de véritables compagnies de francs-tireurs, qui eurent pour mission de protéger nos colonnes et nos convois contre les entreprises audacieuses des partisans ennemis. Ces compagnies, momentanément detachées des corps réguliers, reçurent le nom de *compagnies franches* et rendirent les plus grands services pendant toute la durée de cette pénible campagne.

Or, depuis le commencement de l'année 1866, la compagnie franche du 51°, commandée provisoirement par le lieutenant Vedeaux, avait puissamment contribué à la pacification du pays en pourchassant l'ennemi sans relâche; elle avait finalement réussi à rabattre la majorité des guérillas sur les grosses colonnes mexicaines. Mais les incessantes expéditions auxquelles elle avait dû se livrer pour obtenir un pareil résultat n'avaient pas été, on le pense bien, sans fatiguer outre mesure les vaillants soldats qui la composaient. Dès la fin de mars, les moins robustes ne pouvaient plus suivre leurs camarades : sept de ceux-ci — un caporal et six hommes malingres et exténués — durent être laissés, le 7 avril 1866, à Penjano, petite ville non fortifiée dont les habitants nous étaient favorables, mais que n'occupait alors aucun poste français et dont ces sept malades formèrent toute la garnison.

Ils commençaient à peine à se remettre de toutes leurs fatigues, lorsque, dix jours après leur arrivée à Penjano, le 17 avril, la ville fut inopinément attaquée par une bande de deux cents Mexicains.

Malgré leur état de santé, ces sept héros ne songèrent aussitôt qu'à organiser rapidement et le mieux possible la défense. Ils se mirent courageusement en avant, et, grâce à l'énergie qu'ils déployèrent et à l'aide qu'ils reçurent des habitants, qui firent bonne contenance à côté d'eux, la ville fut sauvée. Les deux cents Mexicains durent se retirer devant cette poignée de braves.

Mais quatre d'entre eux trouvèrent une mort glorieuse dans cette héroïque défense de Penjano. Le caporal Amy et trois de ses hommes — les fusiliers Montarien, Chatras et Orsini — furent tués en accomplissant courageusement leur devoir. Leurs noms ne doivent pas être oubliés.

XXV.

Glorieux fait d'armes au Sénégal. — Prise de Ouesse-bougon (25 et 26 mai 1890).

En 1889-90, le colonel Archinard, parti du Sénégal avec une poignée d'hommes, dirigea dans le Soudan français une campagne qui, on l'a dit avec raison, « laisse loin derrière elle toutes celles qui ont précédé par les difficultés vaincues et la valeur des résultats obtenus. »

Un des épisodes les plus glorieux de cette admirable campagne est la prise de Ouessebougon, forteresse très importante de nos ennemis les Toucouleurs, que le colonel Archinard effectua peu après s'être rendu maître de Ségon, la capitale du grand royaume toucouleur. Cet épisode héroïque est aussi beau, dans la modeste simplicité du récit d'un témoin oculaire que l'on va lire, « que les plus beaux faits d'armes qu'une poignée d'hommes ait jamais accomplis. Les défenseurs de Ouessebougou ont défendu leur ville avec un inconcevable acharnement. On croirait lire la résistance d'une Sagonte. »

Le colonel Archinard, raconte le témoin oculaire en question à qui nous laissons la parole, avait fait tomber Ségon, la capitale du grand royaume toucouleur, la cité sainte du mahométisme dans le Soudan. L'attaque avait été inopinée et si vigoureusement menée, que les Toucouleurs ne surent que prendre la fuite et laissèrent entre nos mains le trésor du sultan, ses femmes et ses enfants.

Mais nous étions à huit cents kilomètres de Kayes, notre base d'opérations, et le sultan, dont nous venions de faire tomber la capitale, était à Nioro, dans le Kaarta, sur le flanc nord de notre ligne de ravitaillement, en situation de tomber sur notre territoire entre Kayes et

Badumbé, ou, plus exactement, entre Kayes et Toukolo.
Il fallait revenir en arrière sans perdre un instant, et
c'est ce que fit le colonel Archinard, prévoyant bien que
la chute de Ségon était le commencement et non la fin
de la lutte.

Avec vingt-sept Européens, officiers compris, deux
cent soixante-cinq indigènes de troupes régulières, deux
canons de 80 de montagne, et des Bambaras, auxiliaires
irréguliers sans cohésion et sans discipline, le colonel
Archinard marche sur Ouessebougon, grande citadelle
toucouleur, située dans le Kaarta. C'est la place forte
qui permet à Ahmadou (le sultan souverain de ce vaste
royaume) de conserver les communications entre Nioro
et le royaume de Ségon ; c'est de là qu'il part pour châtier
les Bambaras du Beledougou, qui, peu à peu, à force de
persévérance et d'énergie, ont reconquis une sorte d'indépendance, indépendance précaire, qui ressemble
plutôt à une lutte toujours ouverte dans laquelle les
deux adversaires ont tour à tour le dessus, et se reposent
ensuite pour reprendre les hostilités avec une nouvelle
vigueur.

Si Ouessebougon tombait entre nos mains, nous assurions du même coup la possession du royaume de Ségon, que nous venions de conquérir, et nous nous attachions définitivement les Bambaras fétichistes en les débarrassant de leurs ennemis séculaires, les Toucouleurs musulmans.

Mais Ouessebougon est, dit Mage dans le récit de son remarquable voyage, un immense village entouré d'un terrain sablonneux à perte de vue. Ses murailles sont bien fortifiées, crénelées et disposées en crémaillère avec de nombreux bastions, et devant les portes se trouvent des réduits.

Le 25 mai, à huit heures du matin, la colonne arrive devant le village ; à huit heures quarante-cinq minutes l'attaque commence. Les têtes des défenseurs apparaissent serrées sur la crête des murailles : le *tabala*, sorte de tam-tam de guerre, retentit sans interruption.

Ce n'est que vers une heure de l'après-midi que la brèche faite par les deux canons de 80 devient praticable ; l'ennemi ne paraît pas incommodé par cette canonnade prolongée, et quelques défenseurs viennent même voir la brèche en nous narguant.

A ce moment, les auxiliaires indigènes qui suivaient la colonne, pressés par la soif, vont boire à des puits placés à deux cents mètres du village. Les défenseurs, qui attendaient cette occasion favorable, font des feux rapides ; bien des auxiliaires tombent mortellement frappés ; mais la soif est devenue intolérable, et les autres continuent sous le feu à aller boire et bientôt même se rapprochent des puits qui sont à cent mètres de la place.

Il est quatre heures ; la nuit va venir ; les défenseurs sont groupés près de la brèche, et, malgré nos feux ininterrompus de mousqueterie et d'artillerie, qui éclaircissent leurs rangs, ils ne paraissent rien moins que décidés à déserter la lutte.

Le colonel se décide à faire donner l'assaut ; les pièces de 80 accélèrent leur tir et ne cessent le feu que lorsque la colonne d'assaut est à cent mètres de l'enceinte. Le lieutenant Levasseur, suivi de ses tirailleurs, entre le premier par la brèche ; la fusillade devient intense ; un nuage de fumée entoure les combattants, on ne voit plus rien.

Les tirailleurs se précipitent dans le village ; mais ils

sont bientôt arrêtés. Le lieutenant Levasseur est blessé, quatre tirailleurs le transportent par les quatre membres; deux sont tués, deux autres les remplacent et amènent leur lieutenant à l'ambulance. Le capitaine Mangin remplace le lieutenant Levasseur, et il est bientôt lui-même mortellement frappé. L'attaque ne gagne plus de terrain.

Il faut tâcher d'en finir. Le colonel envoie la seule section qui lui reste comme réserve et ne conserve auprès de lui que quelques spahis. Le capitaine Bonnier est envoyé pour porter les ordres du colonel et suppléer les officiers qui sont hors de combat. Il est blessé peu après en combattant dans le village.

Les auxiliaires se découragent; ils crient qu'ils n'ont plus de poudre; ils se sauvent. Les tirailleurs maintiennent leurs positions, mais n'avancent plus. La nuit arrive.

Le colonel donne l'ordre aux troupes régulières de se maintenir sur les positions conquises, et il fait sortir les quelques auxiliaires qui n'ont pas fui et qui sont encore dans la place.

Le capitaine Bardot reçoit l'ordre de prendre position

près de la brèche et de tirer toute la nuit des obus de 80 dans la direction du réduit du village, pour préparer le chemin qui devra être suivi le lendemain. M. Mademba, un de nos meilleurs agents politiques, tombe à ce moment frappé d'une balle en pleine poitrine. Le feu des défenseurs continue, violent ; le nôtre devient de plus en plus lent, pour ménager les munitions.

A deux heures et demie du matin, des cris effrayants se font entendre ; le tir de l'ennemi devient plus précipité. Le *tabala* continue toujours à battre ; c'est une sortie furieuse des défenseurs pour nous chasser des positions conquises. Mais la sortie est repoussée.

A trois heures et demie du matin, une nouvelle tentative de sortie a lieu par une porte qui se trouve en face de notre ambulance. Tout ce qui est autour du commandant supérieur serre les rangs : officiers, médecins, vétérinaires, conducteurs, garçons, cuisiniers, etc.; mais cette fois l'ennemi n'avait pour objectif, comme on l'a su plus tard, que d'aller puiser de l'eau dans les puits et rentrer aussitôt dans la place.

Enfin, le jour paraît. La situation est critique ; les troupes régulières se battent depuis vingt-quatre heures.

elles ne sont plus susceptibles d'un grand effort, d'autant plus que le plus grand nombre de leurs officiers sont hors de combat.

Dans ces conditions, le colonel se décide à faire un combat traînant jusqu'à ce qu'une seconde brèche du corps de place permette d'attaquer le réduit sur deux points, par deux colonnes distinctes.

A midi, les chefs bambaras des auxiliaires sont appelés auprès du commandant supérieur, qui leur reproche leur manque de courage et leur demande s'ils sont des femmes ou des captifs. Il réussit à galvaniser ces auxiliaires, en fomre deux colonnes d'assaut et les lance sur chacune des brèches. Les auxiliaires marchent lentement, sans tirer. Leurs chefs, qui sont descendus de cheval, sont à leur tête. Cette fois, ils sont décidés à se battre courageusement. Après une lutte sanglante, ils finissent par couronner le réduit. Quelques-uns d'entre eux viennent à l'état-major chercher de la poudre ; des blessés retournent au combat dès qu'ils ont reçu de nouvelles munitions. Le fils d'un chef indigène, qui a reçu deux balles dans le bras, vient à l'ambulance ; on lui met une attelle, et on lui indique la place où il devra se coucher; mais il a mieux à fairé, et il retourne au combat en agitant son bras cassé.

La résistance continue, néanmoins; les défenseurs tirent toujours avec acharnement; mais c'est la dernière convulsion de cette ville héroïque. Les défenseurs du réduit sont bientôt entourés; ils restent debout, injuriant leurs vainqueurs, cessant de les menacer alors seulement qu'ils tombent frappés d'une balle à bout portant. A ce moment même, une grande flamme s'élève; le *tabala* cesse enfin de battre : le chef de Ouessebougon, Bandiougou-Diara, vient de se faire sauter, lui et les siens. Il est deux heures et demie; la ville est prise, mais la fusillade continue jusqu'au soir et toute la nuit. Personne ne se rend; un captif fait prisonnier se fait sauter la cervelle d'un coup de pistolet; les femmes elles-mêmes prennent part à la lutte; mais bientôt tout rentre dans le silence. Les défenseurs de Ouessebougon sont tous morts.

Il était temps; une armée de secours commandée par Omar marchait pour dégager la ville; elle arriva trop tard.

Nous avions tiré 612 coups de canon et brûlé 34,800 cartouches. Sur douze officiers, un était tué, cinq étaient blessés, c'est-à-dire la moitié mise hors de combat.

Sur les quinze Européens, hommes de troupe, nous avions deux tués, deux blessés.

Les pertes des tirailleurs étaient assez importantes ; celles des auxiliaires indigènes n'ont pu être évaluées.

Le lendemain matin, le colonel Archinard visitait Ouessebougon, qui n'était plus qu'un vaste charnier d'où se dégageait une odeur insupportable.

La défaite des Toucouleurs, glorieuse pour eux, sans doute, n'en était pas moins complète.

Deux des citadelles principales du mahométisme dans le Soudan français — Ségon et Ouessebougon — avaient donc cessé d'exister ; mais il en restait deux autres, Nioro et Koniakary, sérieux points d'appui pour Ahmadou, le sultan des Toucouleurs, dans la résistance désespérée qu'il s'obstinait à nous opposer.

Fort heureusement toutefois, les deux premiers coups portés si intrépidement à son influence par le colonel Archinard avaient singulièrement diminué son prestige aux yeux de ses fanatiques sujets et en revanche particulièrement relevé le nôtre. Aussi Koniakary ne tarda t-elle point à tomber entre nos mains, à la suite d'un nouveau fait d'armes, le combat de Kalé, qui va faire l'objet du prochain chapitre ; fait d'armes aussi glorieux que la prise de Ouessebougon et dont le capitaine Ruault, de l'artillerie de marine, fut à son tour le héros.

XXVI.

Combat de Kalé, au Sénégal (5 juin 1890).

Le 26 mai 1890, Ouessebougon avait été occupé par nos vaillants soldats indigènes, après le sanglant combat qui vient d'être raconté dans le chapitre précédent. Sans perdre un instant, le commandant supérieur, le colonel Archinard, renforce les garnisons de Kita, Badumbé et Bafoulabé, et il rentre de sa personne à Kayes, pour suivre les événements.

Ahmadou, le sultan de Segon, en résidence à Nioro, dans le Kaarta, n'avait que deux partis à prendre : ou rallier Dinguiray en traversant notre territoire, réunir autour de lui ses fidèles dispersés, s'allier à Samory et recommencer, avec l'aide de ce puissant chef, la lutte contre nous; ou conserver comme bases d'opérations les deux grands pays qui lui restaient encore, et dont les deux capitales, Koniakary et Nioro, étaient deux points d'appui bien fortifiés, partir de ces deux villes pour nous attaquer entre Kayes et Badumbé, sur le flanc de notre longue ligne de communications.

C'est ce dernier parti que le sultan crut devoir adopter; et, une fois sa décision prise, il dut agir avec promptitude.

Le 31 mai, un de nos convois de prisonniers est attaqué entre Kayes et Bafoulabé, sans qu'il soit possible d'informer le commandant supérieur, car le télégraphe est coupé et la voie ferrée est démolie entre Taravi et Bafoulabé.

Enfin, quelques jours après, le 6 juin, à huit heures du matin, une forte colonne ennemie débouche inopinément à trois kilomètres de Kayes.

Cette colonne, qui devait attaquer Kayes, venait de Koniakary; une autre, qui devait attaquer Bafoulabé, venait de Kaarta.

L'interruption des communications télégraphiques avec Bafoulabé était le seul indice que le commandant supérieur avait de cette situation. Il comprenait bien qu'il ne pouvait, sans danger, dégarnir Kayes ; d'autre part, il fallait savoir ce qui se passait à Bafoulabé. Il envoie alors le capitaine d'artillerie de marine Ruault avec trois officiers français, un officier indigène, sept Européens, cent douze tirailleurs, et un canon de montagne, faire une reconnaissance offensive sur Bafoulabé.

Ce poste, attaqué par des forces importantes, avait résisté victorieusement, et l'ennemi, prévenu sans doute que des renforts arrivaient, abandonna ses positions et décampa dans la direction de Badumbé, quelques heures avant l'arrivée du capitaine Ruault. Celui-ci poursuit l'ennemi sans hésitation. Il peut supposer, d'après sa précipitation à fuir de Bafoulabé, que ses forces ne sont pas aussi considérables que le disent les noirs, ou que la démoralisation est grande.

Quoi qu'il en soit, avec un peu plus de cent vingt hommes, le capitaine Ruault marche sur Kalé.

Dans la nuit du 4 au 5 juin, alors que nous sommes campés à six kilomètres environ de ce village, des cavaliers toucouleurs viennent reconnaître la colonne. Des indigènes qui ont réussi à s'échapper des mains de nos ennemis apprennent au capitaine Ruault que ces cavaliers toucouleurs sont l'arrière-garde de la colonne ennemie, qui continue sa marche sur Badumbé.

Il ne fut pas besoin d'attendre longtemps pour être désabusé. A une heure et demie du matin, on entend distinctement, dans le silence de la nuit, le bruit particulier que produisent des masses d'hommes se rapprochant, et notre petite troupe, qui avait immédiatement pris ses dispositions de combat, est entourée par trois faces. Une fusillade très vive éclate de tous les côtés.

La consommation de cartouches de nos tirailleurs est considérable, et le capitaine Ruault est obligé de donner l'ordre de tirer le moins possible. L'ennemi a vite compris que nos munitions deviennent rares, et il redouble d'efforts.

Nous avons devant nous mille cavaliers toucouleurs et deux mille fantassins ou *sofas*, au moins. Nous sommes un contre trente, et nos ennemis ont à leur tête les chefs les plus célèbres. Karamoko commande la colonne ; Bafi commande l'aile gauche ; le frère de Bafi, le centre ; et Sekekolo, l'aile droite. D'anciens tirailleurs sont avec eux. On en a la preuve d'une façon assez originale. A un moment donné, au commandement préparatoire : *Section !* d'un de nos officiers, l'un de nos adversaires, d'une voix claire et distincte, continue : *Joue-feu !* et nos tirailleurs, sans s'émouvoir autrement, exécutent le feu à ce commandement inattendu.

Enfin, le petit jour se lève ; les masses ennemies s'aperçoivent confuses encore ; nos cartouches s'épuisent, et il est bien clair que, si nos ennemis peuvent nous compter, nous sommes perdus.

Le capitaine Ruault fait alors former le parc avec ses voitures métalliques, qu'il dispose en carré. Il met les blessés au milieu. Il se retranchera derrière ses voitures, s'il échoue dans l'attaque qu'il médite.

Il fait alors mettre la baïonnette au canon et sonner la charge.

Nos tirailleurs, que la nuit détestable qu'ils viennent de passer a mis de fort méchante humeur, se précipitent avec furie sur l'ennemi, qui hésite, surpris de cette brusque attaque.

Les fantassins ou sofas reculent, puis prennent la fuite. Les cavaliers toucouleurs tentent alors un suprême effort et font une charge contre nos tirailleurs, commandés par le lieutenant Salvat. Ce dernier les attend et les reçoit à bonne distance par des feux de salve bien visés, et les cavaliers toucouleurs tournent bride à leur tour.

Le capitaine Ruault se porte en avant, allonge le tir de la pièce de montagne, fait exécuter des feux de salve et sonner la charge tant que le peuvent les poumons de nos clairons.

Le désordre est bientôt à son comble chez nos adversaires. Un seul fait, choisi entre mille, en donnera une idée exacte. Des cavaliers toucouleurs gravissent un étroit sentier rocheux qui forme le défilé de Kalé, sentier que domine d'un côté une muraille verticale rocheuse de plus de douze mètres de hauteur, et qui, de l'autre côté, est de huit à dix mètres au-dessus du fleuve, qui roule des eaux torrentueuses sur des rochers couverts par l'écume de l'eau. Les cavaliers, se voyant dans l'impossibilité d'avancer sur ce sentier étroit et encombré, sont saisis de terreur et se précipitent avec leurs chevaux dans le lit du fleuve, où ils viennent s'écraser.

Nous avons brûlé neuf mille neuf cent quatre-vingt-deux cartouches et tiré cent vingt-six coups de canon.

Un seul officier européen n'était pas blessé. Le capitaine Ruault, les lieutenants Lagarde et Salvat étaient touchés plus ou moins grièvement. Plus du quart de l'effectif était hors de combat.

L'artillerie avait largement payé sa part. Un canonnier avait été tué, tous les servants étaient blessés. Le lieutenant d'artillerie Lagarde, blessé au bras d'abord, à la cuisse ensuite, avait quitté son commandement pour aller se faire lui-même un pansement sommaire, et était ensuite revenu prendre sa place au combat. Il n'y avait pas un seul médecin au combat de Kalé !...

L'ennemi laissait sur le terrain deux cent cinquante cadavres, qu'il n'avait pas eu le temps d'emporter. Karamoko et Bafi étaient blessés, Sekekolo était tué.

Plus tard, nous avons eu l'explication de cette fuite précipitée succédant à un combat acharné, et que la charge de nos tirailleurs et la supériorité de notre armement ne suffiraient pas à faire comprendre.

Malgré les observations de Karamoko, les chefs indi-gènes avaient campé en avant du défilé de Kalé, un des défilés les plus étroits, les plus difficiles et les plus dan-gereux qu'on puisse imaginer. Or, ils avaient eu, pendant la nuit, beaucoup d'hommes tués et blessés. Ils les avaient évacués par le défilé, leur seule route de retraite, et ils se décidaient à profiter eux-mêmes des derniers moments de la nuit pour rompre le combat, afin de ne pas risquer une défaite qui serait infailliblement devenue un désastre. C'est à ce moment que la charge furieuse de nos tirail-leurs vint changer cette manœuvre en une retraite pré-cipitée, puis en une panique et en une déroute.

Tel est le récit succinct de ce combat, qui fait le plus grand honneur au capitaine Ruault et aux officiers et soldats sous ses ordres, comme le remarque avec raison le correspondant anonyme, présent à ce glorieux fait d'armes, qui a transmis en France les détails qui pré-cèdent. Les troupes de la marine — artillerie et infan-terie — y sont restées à la hauteur de leur vieille répu-tation; les tirailleurs ont été superbes de constance et de bravoure.

Immédiatement après le combat de Kalé, Kayes fut

attaquée le 6 juin par les Toucouleurs. Ce fut une surprise réelle. Mais le colonel Archinard avait autour de lui un effectif à peu près suffisant pour résister. Ses dispositions furent vite prises, et l'ennemi, qui avait des forces considérables, mais sans grande valeur, fut repoussé sans qu'il nous en coûtât un seul homme blessé.

FIN.

TABLE.

—

FIN DE LA TABLE.

Rouen. — Imp. MÉGARD et Cie, rue Saint-Hilaire, 136.

ROUEN. — IMPRIMERIE MÉGARD ET Cie.